# La Liberté et l'Inévitable

**L.A. SEKLITOVA**
**L.L STRELNIKOVA**

# La Liberté et l'Inévitable

## Série « La Magie De La Perfection »

© 2023 Nom de l'auteur **Larisa Seklitova**
© 2023 Nom de l'auteur **Ludmila Strelnikova**
© 2023 Détenteur des droits **Simon Couvin**
Édition : BoD – Books on Demand, info@bod.fr
Impression : BoD – Books on Demand, In de Tarpen 42, Norderstedt
(Allemagne)
Impression à la demande
ISBN : 978-2-**3224-7023-5**
Dépôt légal : **Janvier 2023**

**<u>Réédition : Janvier 2023</u>**
**(L'ancien livre 03.2017 a été résilié,**
**l'édition 01.2023 remplace donc l'ancienne édition)**

**Seklitova L.A., Strelnikova L.L., 2009.**

**LA LIBERTÉ.** La série "La magie de la perfection".

Ce livre révèle la signification cosmique d'un concept tel que la "liberté", dévoile les fils invisibles de sa connexion avec le monde Supérieur.

Le livre montre comment la liberté devient un moyen d'abattre les âmes et de révéler leurs défauts, ouvrant des voies de dégradation pour les uns et de progrès pour les autres. La liberté imprègne de nombreux domaines de la vie humaine et a, dans chacun d'eux, ses manifestations et ses limites particulières. Les pages du livre parleront de la liberté en amour, du mariage, du choix d'un partenaire, et du lien entre ces types de liberté et les processus cosmiques. Il montrera la liberté des sans-abris, des extraterrestres et le mystère de la liberté de l'âme après la mort d'une personne sous un angle nouveau. Le lecteur apprendra beaucoup de choses nouvelles sur ce qui lui était déjà familier.

**Réédition : Janvier 2023**
**(L'ancien livre 03.2017 a été résilié,**
**l'édition 01.2023 remplace donc l'ancienne édition)**

## Introduction

Notre nouvelle série, le Magie de la Perfection, présente au lecteur une toute nouvelle perspective sur des vérités familières, sous une forme simple et accessible. Dans tout objet, phénomène ancien, on peut découvrir ce qui n'est pas encore connu de l'homme, ce qui reste au-delà du domaine de la connaissance matérielle. Il s'agit de leur structure subtile et des objectifs pour lesquels ils ont été créés ici sur Terre par les Créateurs supérieurs. Cette série révélera au lecteur de nombreux aspects de la vie qui échappent encore à sa vue et à sa compréhension.

Quant à ce livre, il ouvre de nouvelles facettes d'un concept tel que la "liberté", qui touche les aspects les plus divers de la vie moderne. De nouvelles vérités s'ajoutent aux anciennes vérités, le contenu du mot s'élargit - la conscience s'élargit.

Il est désormais de bon ton d'en parler, même si tout le monde ne saisit pas la véritable signification de ce processus. Si de nombreuses personnes parlent de la progression de la conscience, de sa coloration cosmique, cela semble naïf si cela n'est pas étayé par de nouvelles connaissances. Le développement de la conscience ne peut se faire que par l'enrichissement d'un être humain par de nouvelles connaissances, qui lui permettent de passer au niveau de développement suivant. Et le développement de la conscience ne peut se faire uniquement sur la base d'anciennes connaissances.

Une personne ne construit sa véritable conscience de manière systématique et séquentielle qu'en ajoutant petit à petit à l'ancienne. Mais ceux dont l'esprit est vide (il s'agit de jeunes âmes dont la matrice de notions est vide), aucun élargissement de la conscience ne peut leur arriver. Il faut travailler et travailler sur soi. Et pour cela, de nouvelles informations sont nécessaires. La compréhension graduelle est le travail sur la conscience. Plus un être humain apprend de nouveaux concepts, plus vite il a la possibilité de rendre sa conscience cosmique.

La série "Magie de la Perfection" permet au lecteur d'élargir sa compréhension du connu. À travers le prisme du familier (bien connu), le lecteur percevra de nombreuses inconnues, pénétrant profondément dans la structure non seulement des processus, mais aussi des flux d'énergie qui opèrent entre le monde terrestre et le monde des Supérieurs.

Nos informations vous permettront de porter un nouveau regard sur vous-même et sur les autres, sur le monde qui vous entoure, et de réfléchir à la signification de nombreuses choses et phénomènes.

## Chapitre 1

## LA LIBERTÉ À L'ÉCHELLE MONDIALE

La liberté a de multiples facettes. Elle se manifeste dans de nombreux aspects différents de la vie. Avant de parler spécifiquement, nous devons donc déterminer sur quel type de liberté nous voulons nous concentrer. Pour ce faire, rappelons quels types de libertés existent dans la société humaine.

La vie humaine est diverse : elle a un caractère domestique, industriel, social, culturel, créatif, technique, etc. Et dans chacun de ces domaines, le degré de liberté de l'individu sera différent. Mais dans chaque domaine de développement, elle aura des droits et des limites. Dans chaque domaine de son développement et de son existence, elle aura deux tendances principales : celles qui répondent à ses désirs et celles qui la limitent.

Toute existence a un mouvement directionnel et donc un développement directionnel, parce que chaque univers, monde, plan d'être, l'univers entier lui-même ne se développe pas de manière chaotique et au gré des circonstances, mais de manière intentionnelle. Si quelque chose est créé dans ce monde ou dans un autre, ce n'est pas pour s'amuser, comme un jouet ou pour faire plaisir à quelqu'un, mais dans un but précis. Par conséquent, à toutes les périodes de son existence, il sera orienté vers ce but originel de son existence, et aucun autre but ne pourra aller vers lui à l'échelle universelle, car l'univers est d'une concrétude et d'un ordre des plus stricts. Tout ce qui ne se conforme pas aux normes et aux règles sur un chemin donné vers cet objectif est jeté comme un déchet, comme une scorie, et détruit.

L'Univers entier (création) vit selon les lois. Et tous ceux qui existent en son sein doivent leur obéir.

Mais celui qui obéit lui-même aux lois suit la voie positive, et celui qui les viole systématiquement se retrouve relativement dans la voie négative. Ce passage de l'un à l'autre est régi précisément par la liberté.

Initialement, l'évolution propose à l'homme deux directions de développement, et il doit se choisir celle qui lui est préférable. Et la connaissance l'aide à faire ce choix de manière consciente et délibérée.

Tous ceux qui ne veulent pas obéir aux lois positives sur la Terre sont soit immédiatement détruits aux tout premiers stades du développement, soit soumis à la subordination du Hiérarque négatif. Il faut donc parler de la différence de liberté d'action dans ces deux modes de développement et d'existence différents : le mode positif et le mode négatif. Ce sont les tendances générales du monde qui affectent la liberté de l'homme.

Mais si l'humanité se dirige vers un objectif de développement spécifique, dans quelle mesure un individu peut-il être libre ?

De toute façon, elle ne sera jamais complète et sera toujours conduite dans certaines limites. La Terre ne peut être séparée des mondes Supérieurs. Elle a le lien le plus étroit avec eux, tant sur le plan technique que spirituel, et cela montre que la liberté est contrôlée d'En Haut.

D'un point de vue globalocosmique, la liberté est une illusion humaine. Elle sera toujours apparente ou testable. Cette dernière signifie qu'à l'aide de la liberté, les Supérieurs vérifient toutes les qualités d'une personne, à l'aide desquelles les âmes sont éliminées, comme nous en parlerons ultérieurement.

D'un côté, une personne est autorisée à faire n'importe quoi, tandis que de l'autre, elle est punie pour ce "n'importe quoi" dans le meilleur des cas, ou, dans le pire des cas, complètement détruite en tant que personnalité. Par conséquent, la liberté peut également être appelée un test humain ou un test décisif, qui permet de révéler en elle la présence de qualités indésirables pour les Systèmes positifs Supérieurs du cosmos.

Mais si nous nous éloignons maintenant de l'échelle globalocosmique et abordons l'humanité de manière spécifique, nous devrions commencer à considérer le concept de liberté à partir de l'objectif global de son développement sur Terre.

C'est-à-dire que s'il y a un but, alors toute l'existence humaine sera subordonnée à ce but, tous les processus et actions en situation travailleront vers ce but, tout en restant invisibles et incompris par l'homme. Sa liberté sera limitée par ce but supérieur.

Pourquoi la forme d'être est-elle différente pour différents êtres dans différents mondes et plans ? Ne serait-il pas plus facile pour tous les êtres vivants de rendre la vie, l'environnement et les relations sociales identiques ?

Bien sûr, ce serait plus facile s'ils avaient un seul objectif de développement. Cela conduirait à la normalisation des situations quotidiennes et des processus énergétiques. Mais chaque groupe d'êtres, chaque communauté a son propre but d'existence. Et c'est cette finalité qui oblige les Supérieurs à créer le monde, les êtres qui s'y trouvent, à former leur mode de vie en fonction de ses objectifs. Par conséquent, dans les mondes parallèles de la Terre, il existe des créatures différentes de l'homme qui vivent dans l'existence, orientées vers le but de leur propre existence. Par exemple, de nombreux êtres d'autres mondes n'ont pas de bâtiments comme l'être humain, pas de flore et de faune, pas de mers et d'océans. Certains vivent dans des cocons énergétiques, d'autres dans des structures difficilement perceptibles par l'esprit humain.

Ainsi, le fait qu'un être humain vive d'une telle manière et non d'une autre est déterminé par l'objectif supérieur, dont la réalisation l'attend loin dans le futur. Les mondes sont construits dans ce but, les formes d'existence sont créées pour des processus énergétiques spécifiques, les situations de leur vie sont formées. Et l'être, comme l'homme, est d'abord limité spatialement à ce monde. Les Supérieurs, par exemple, sont libres à une échelle beaucoup plus grande que l'homme. Ils peuvent visiter des mondes différents, avec des dimensions différentes, alors que l'homme n'est pas encore capable de passer dans une autre dimension. Mais même au sein d'un même monde, il est limité dans ses mouvements par différentes conventions. Il ne peut pas, par exemple, voyager librement de son pays à un autre, etc.

Mais quel est le but de la liberté en premier lieu ? Après tout, une personne peut ne pas avoir connu un tel concept dès le jour de sa naissance. Cependant, elle lui a été donnée, ou plutôt révélée d'En Haut, et aussi dans un but précis.

Commençons la réponse par la dernière question. Imaginons que les Supérieurs lancent une énorme production, un processus organique complexe. Mais la façon dont une personne se comporte : correctement ou non, doit être vérifiée périodiquement, et cela se fait à l'aide d'un autre mécanisme complexe, qui est exprimé par un concept - la "liberté", mais il contient les mécanismes de levier les plus compliqués qui régulent les processus physiques, organiques et subtilomatériels à l'intérieur de l'homme par des actions réalisées dans l'environnement extérieur. La liberté à l'échelle mondiale est donc le principal mécanisme de test des âmes pour le défaut, ou plus simplement, le processus de sélection des âmes.

## LES TYPES DE LIBERTÉ

Quel type de libertés est donné à l'homme ?

Si une personne mène une vie à multiples facettes, et non comme une facette, et qu'elle est engagée dans une variété d'activités, alors le concept de liberté étend ses limites à toutes les formes d'activité, devenant un système multistructurel qui affaiblit les normes et les restrictions strictes et permet à l'individu de dépasser les limites des conventions imposées et de manifester son attitude personnelle envers le monde, envers ceux qui l'entourent, envers elle-même.

Il existe autant de types de libertés que d'aspects de l'activité d'une personne. Les libertés pour lesquelles il est le plus connu sont : la liberté de comportement, d'activité, de créativité, d'amour, de mariage, le choix de la profession, la liberté dans l'armée et la prison, la liberté dans la religion, la nutrition, le sport, etc.

Si nous en disons plus, nous devons mentionner la liberté de l'âme après la mort et dans le développement. Si nous élargissons les limites de la connaissance du concept de liberté, nous devons toucher la liberté qui existe dans les mondes Supérieurs, la liberté avec Dieu et le Diable, la liberté avec les extraterrestres.

Mais comme il y a des Niveaux de développement dans les mondes subtils, chacun se voit attribuer des niveaux de liberté différents. Cela signifie que la liberté comprise par l'homme est inadaptée, par exemple, au monde des Maîtres Célestes ; et la liberté qui existe sur leur plan supérieur est inadaptée à l'homme.

Par exemple, un enfant ne peut pas sortir sans la permission de son père ou de sa mère, mais à la maison, il peut construire ce qu'il veut avec son outil de construction. Lorsqu'il devient adulte, il obtient la liberté de mouvement, car il échappe au contrôle de ses parents et peut se déplacer n'importe où en dehors de sa maison, non seulement dans les rues de sa ville natale, mais dans tout le pays. En d'autres termes, sa liberté de mouvement s'étend aux frontières de son propre pays.

Mais dans ce qu'il veut construire ou créer, il est soumis à de nombreuses restrictions. S'il veut construire quelque chose en production, alors sa liberté cesse complètement, car il n'est autorisé à faire ici que ce qui est nécessaire à l'entreprise en question. Et donc dans ce cas, utile à l'entreprise, on lui donne quelques petites libertés pendant un certain temps. Il est autorisé à créer des variantes du développement de cette direction. Il est libre d'inventer.

Et lorsque l'une des options est choisie par les supérieurs pour le développement et approuvée, la liberté disparaît à nouveau complètement, et le développeur donné doit déjà suivre exactement cette option. Nous voyons donc que même au cours d'une vie, les types de liberté et leurs limites changent. Elles peuvent se rétrécir ou s'étendre, et parfois disparaître complètement. Le concept de liberté

n'est donc pas simple du tout, et il faut beaucoup de temps pour le comprendre.

## CE QUE LA LIBERTÉ A À VOIR AVEC

Chacun comprend la liberté à sa manière. Pour une personne, la liberté consiste à courir dans les rues, pour une autre à ne rien faire, pour une troisième à ne pas être contrôlée par qui que ce soit, etc.

Chaque personne veut être libre, indépendante, c'est-à-dire qu'elle ne tolère pas la pression sur elle-même ou essaie de la réduire au minimum. Une personne essaie de ne pas être limitée dans ses mouvements, dans les biens matériels, dans l'alimentation. Pour elle, la liberté signifie faire ce qu'elle pense être juste, manger ce qu'elle veut, dire ce qu'elle pense, etc. En fait, la liberté se résume à la satisfaction totale de ses désirs, à l'absence de toute restriction dans sa vie, dans ses sentiments. La liberté est donc toujours liée à un certain désir de l'individu, qui cherche à le satisfaire sans aucune restriction. Mais est-ce vraiment possible ?

Après tout, certaines personnes ont des désirs différents et d'autres ont les mêmes. Que se passerait-il si la liberté totale était donnée à toutes, et non à une seule ? Une lutte violente entre elles pour obtenir ce qu'elles veulent s'ensuivrait ; au lieu d'une création, il y aurait une destruction totale, la civilisation serait détruite.

Imaginons cette situation dans la réalité. Tout le monde obtient la liberté, ce qui signifie que chacun est libre de faire ce qu'il veut. La liberté totale détruit toutes les restrictions. Une personne veut gagner beaucoup d'argent et l'autre aussi. Et tous les autres citoyens de la même ville veulent aussi recevoir beaucoup d'argent.

Mais pour le fonctionnement de toute ville, une certaine somme d'argent est allouée par l'État pour sa population. Il s'avère donc que chaque citoyen de la ville, en l'absence de toute restriction, sera désireux d'obtenir la totalité de la somme pour lui-même et ne voudra la partager avec personne. Il est libre, donc il ira et sera le premier à obtenir toute la somme pour lui-même. Et les autres se retrouveront sans rien. Mais comme cela ne leur plaira pas, ils entameront une lutte acharnée contre celui qui a obtenu la somme en premier. A la fin, tout le monde peut s'entretuer. Il n'en restera qu'un seul, pleinement satisfait de son désir d'obtenir la somme maximale pour la ville donnée. Mais que va-t-il faire seul dans une ville vide avec un tas de cadavres ? C'est le résultat auquel a conduit la liberté totale et illimitée. En conséquence, le propriétaire de cette somme mourra également, car il ne pourra pas subvenir seul à ses besoins dans une ville morte, ou sera obligé de partir pour une autre ville.

Mais si tous les citoyens y reçoivent une liberté totale, la même chose s'y produira.

Si la liberté dans la nouvelle ville est limitée à la satisfaction d'un désir donné, qui est d'obtenir tout l'argent disponible ici, alors il y a beaucoup de règles et de lois pour la distribution de l'argent parmi les personnes imposées à la liberté, et donc chaque citoyen sous ces lois obtiendra autant d'argent qu'il gagne. Il recevra une somme d'argent strictement définie, qui devra passer par de nombreuses instances législatives. La liberté de recevoir de l'argent en général est strictement contrôlée, et pour l'individu, elle se présente sous la forme du seul droit - le droit de ne recevoir que le salaire dû.

Mais lorsque le salaire est dans sa poche et va à sa disposition personnelle, l'individu reçoit à nouveau le plein droit d'utiliser l'argent comme il l'entend, c'est-à-dire qu'il reçoit la liberté de satisfaire ses propres désirs en dépensant de l'argent.

Si la question se pose pour un célibataire, il peut disposer de l'argent comme il l'entend, sans restriction. Toutefois, si ces personnes ne veulent pas être exclues de la société et devenir des sans-abris, elles doivent tout de même limiter leur liberté de dépenser cet argent, car elles doivent payer leur appartement, leur électricité, leur gaz et d'autres services publics.

Lorsqu'une personne vit en société, elle doit tenir compte de ses routines et de ses exigences. Dans ce cas, le montant du salaire est une limitation aux désirs de chacun.

Elle est libre de choisir de manger dans un café, une cantine, un restaurant ou à la maison. Elle pouvait aller manger librement dans un restaurant. Mais son salaire ne suffit que pour trois repas. Et puis la liberté est terminée. Elle doit donc prendre une décision sensée : il vaut mieux manger à la maison.

Par ailleurs, elle est libre de choisir ses vêtements : elle peut les acheter au marché, dans un magasin ou les coudre sur commande. Mais là encore, son salaire limite son choix. Elle se rend donc au marché, où tout est beaucoup moins cher, et où elle a un large choix. Elle choisit des produits variés, mais dans la même fourchette de prix : son salaire ne lui permet pas d'acheter un pantalon, par exemple, à plus de sept cents roubles. Il lui semble qu'elle est maintenant complètement libre et elle passe donc par des dizaines de pantalons différents. Mais son subconscient contrôlera sa liberté de choix par ses goûts personnels et le montant maximum qu'elle peut se permettre de donner pour eux.

Ainsi, l'individu est donc libre, mais dans les limites que la société a fixées pour cette strate. Ce sont les limitations économiques de la liberté.

Il ne peut y avoir de liberté totale dans une société basse. Si on donne aux gens un maximum de liberté pour faire quelque chose, ils se détruiront les uns les autres.

Lorsqu'on jette un os à une meute de chiens, un combat acharné s'engage. Tout ce que la société fait pour son existence a des limites quantitatives : une certaine quantité de vêtements est cousue, une certaine quantité de nourriture est cultivée, une certaine quantité de bâtiments est construite. Par conséquent, pour une certaine quantité, le concept de "distribution gratuite" est inapproprié. L'homme ne connaît pas la mesure, et cela conduit au fait qu'en se procurant le plus possible pour lui-même, il détruit les autres, qui se retrouvent sans la nourriture, le logement, les vêtements nécessaires.

Si l'on donne à une personne une liberté totale dans la consommation de nourriture, de vêtements, de matériaux de construction et d'autres choses, les magasins seront vides en un jour. Qu'elle en ait besoin ou non, elle le prendra parce qu'elle en a envie et qu'elle n'a pas encore développé des qualités telles que la maîtrise de soi et la conscience. De plus, les envies ont tendance à grandir : une personne veut avoir de plus en plus donc, ayant reçu un appartement d'une pièce, elle souhaite ensuite acquérir un appartement de trois pièces, puis un cottage séparé, puis plusieurs, et enfin acquiert un palace à Paris ou à Londres. En cela, il y a une croissance directe de ses désirs. Ils ne restent pas originaux, ils grandissent et grandissent... à moins qu'ils ne soient freinés artificiellement.

Il est clair que tout le monde ne peut pas avoir des châteaux, plusieurs appartements, des îles, des commerces et des usines. Il n'y en a tout simplement pas assez pour tout le monde, car l'homme n'est pas encore capable de se reproduire pour chaque personne de la société en proportion de la pleine satisfaction de ses désirs. En outre, les désirs de certaines personnes sont devenus sans dimension (limité). Entre la reproduction et la consommation, il doit y avoir une certaine dépendance pour qu'il y ait toujours quelque chose sur les rayons.

Il ne peut y avoir de liberté totale de consommation pour les créatures vivant en communauté. Pour qu'une communauté puisse exister sur une longue période, la distribution est nécessaire et, par conséquent, il doit y avoir des restrictions à la liberté de consommer. Et c'est ainsi que la vie elle-même commence à dicter ses conditions, ses lois, qui limitent la liberté totale à quelques normes permettant à l'ensemble de la communauté d'exister.

La liberté étant toujours à la merci des désirs de l'homme, elle devient, dans les âmes basses, une puissante arme de destruction. Si elle n'est pas limitée et restreinte par des lois, elle détruira et anéantira tout dans une société inférieure. En conséquent, la liberté totale conduira à la destruction de l'homme lui-même, c'est-à-dire qu'en satisfaisant ses désirs au maximum avec la liberté, l'homme se tue comme le fait un glouton en mangeant des quantités excessives de nourriture. S'il mange sans s'arrêter, il mourra de suralimentation ou de maladie intestinale. Il semblerait qu'il devrait vivre une vie meilleure et que son corps devrait devenir plus fort et plus sain, mais c'est le contraire qui se produit. Ce n'est pas pour rien qu'on dit : "Un glouton creuse sa propre tombe avec ses dents".

La raison en est que tout organisme dans la nature est conçu pour une certaine puissance, tous les organes ne peuvent fonctionner que jusqu'à une certaine valeur maximale, par conséquent, lorsque cette valeur devient plus grande, le système tombe en panne à cause d'une surcharge.

Tout dans ce monde est conçu pour certaines charges et capacités, tout est interconnecté, et lorsqu'une chose se développe de manière disproportionnée, elle commence à détruire la suivante et finit par détruire tout ce qui l'entoure et elle-même.

Ainsi, en acquérant quelque chose autant que possible en raison de l'absence d'interdictions à son égard, une personne détruit l'environnement de son existence. Dans ce cas, elle se trouve dans l'incapacité de prévoir les conséquences de sa liberté dans la satisfaction de ses désirs. Son niveau de développement insuffisant et, par conséquent, son manque de connaissances certaines l'empêchent de voir où sa consommation sans limite de tel ou tel produit, ou de quoi que ce soit d'autre, le mènera.

Par exemple, un individu peut prévoir que des doses excessives d'un médicament pourraient entraîner sa mort. Il en a suffisamment conscience de par son expérience dans la société. Il peut déterminer que s'il fume trop, il aura un cancer du poumon, et que s'il boit trop de vin, il risque d'avoir une cirrhose du foie. En satisfaisant au maximum ses bas désirs, l'individu meurt physiquement.

Mais il y a aussi un côté spirituel, qui a aussi à voir avec le désir et la liberté. Il y a beaucoup de connaissances qu'il n'a pas assimilées ou qu'il est incapable de comprendre, en raison de son faible niveau de développement. Et cela conduit au fait que l'individu est incapable de voir les conséquences de sa négligence (non-respect) des restrictions des libertés, c'est-à-dire des lois, et de la poursuite de la satisfaction de ses désirs.

En outre, il ne faut pas oublier que l'on a une âme qui consiste en une matrice avec des cellules de qualités et des enveloppes subtiles permanentes ou des énergocorps. Les désirs doivent servir d'impulsions directrices qui doivent indiquer à l'homme ce qu'il doit fournir à son corps physique pour le maintenir en vie et ce qu'il doit faire pour améliorer son âme. L'homme doit choisir entre des désirs positifs et négatifs, entre des désirs élevés et faibles. C'est dans le choix que réside la perfection de l'âme, son développement, son avancement dans l'évolution.

La liberté est donnée à une personne pour qu'elle soit libre de choisir par elle-même, apprenne à penser et à prévoir quelle voie de développement lui convient le mieux : négative ou positive, que cela vaille la peine de monter ou est-il plus facile de descendre. Et si une personne est dotée de suffisamment de connaissances, elle peut manœuvrer entre ses désirs et utiliser correctement la liberté qui lui est donnée. Elle peut être utilisée pour le progrès ou pour la dégradation, et cette dernière est plus fréquente chez les personnes ayant un niveau de développement inférieur.

Ainsi, la liberté d'une personne est liée à ses désirs. Elle permet de choisir entre les désirs positifs et négatifs, et donc de choisir sa propre direction de développement.

Mais regardons d'abord ce qui est le plus proche et le plus compréhensible pour le lecteur, comme la liberté de choisir son partenaire et la liberté de se marier.

## LA LIBERTÉ DE CHOIX DU PARTENAIRE

Si on regarde l'histoire, il y a toujours eu des restrictions dans le choix du partenaire par l'homme. Le plus souvent, l'homme a été guidé par des considérations économiques, par le profit, et non par l'amour. Et comme l'obéissance était courante chez les enfants dans le passé, de nombreux enfants adultes se contentaient des partenaires qui avaient été choisis pour eux par leurs parents pour leurs propres raisons.

Ce n'est qu'au 20e siècle que le choix du partenaire a atteint sa liberté maximale ; pendant un certain temps, ni la société, ni les parents, ni le calcul n'ont eu le droit de l'influencer : qu'un partenaire soit rentable ou non. Les sentiments deviennent le facteur déterminant. L'amour a été mis sur un piédestal. Chacun a eu le droit de choisir son partenaire en fonction de ses sentiments et de son amour. Il lui semblait que dans la lutte historique pour ses droits, il avait lui-même gagné la liberté de choisir son partenaire de vie. En réalité, ce n'était pas le cas.

Une telle liberté, on pourrait dire une liberté totale, a été donnée aux gens par les Enseignants Supérieurs, mais elle a été donnée non pas parce que l'homme avait évolué, mais parce qu'une expérience a été menée : ce dont l'homme est capable après plusieurs vies antérieures, dans lesquelles cette question a été abordée différemment. Chaque fois, les sentiments des gens sont nuancés. Pendant certaines périodes, une chose lui est permise et une autre lui est interdite, tandis que pendant les périodes suivantes, ces exigences peuvent être modifiées dans l'ordre inverse. Une personne, par contre, au cours des années de sa vie, apprend une chose pour elle-même et en rejette une autre.

Chaque personne de classe moyenne pense qu'elle choisit un futur mari ou une future femme pour vivre heureux dans ce monde. Tout est fait pour rechercher le bonheur.

Mais les partenaires de vie ne sont pas envoyés à l'homme pour le divertissement, mais pour un certain travail de l'âme. En conséquence de ce travail, l'âme doit progresser, s'améliorer, construire dans la matrice des qualités strictement spécifiques. Mais bien sûr, elles seront purement terrestres. Seules les qualités terrestres peuvent être construites sur la Terre, et leur nombre, bien qu'important, est certain. Et pour acquérir d'autres qualités, disons cosmiques, l'âme doit se déplacer vers une autre planète physique ou vers d'autres mondes énergétiques. Là, l'âme construira sa matrice d'énergies d'une autre gamme.

Il convient de noter que sur de nombreuses planètes, il existe des êtres de même sexe ; ils ne choisissent pas les partenaires pour créer des familles. Ils ont un mode de vie différent, parce qu'ils sont perfectionnés dans d'autres qualités qu'un être humain, ou ces qualités ont été construites par eux il y a longtemps et ils travaillent à en acquérir de nouvelles.

Ainsi, sur Terre, l'âme travaille à la formation de qualités strictement définies, qu'elle construit à partir d'énergies d'un certain type de gamme terrestre. À cette fin, un partenaire est donné à l'homme. Il doit lui apprendre à établir les connexions nécessaires et à les maintenir le plus longtemps possible. **L'homme développe dans la matrice les puissances de l'unité**. Et ce n'est pas si facile, comme nous pouvons le constater en observant le côté banal de sa vie.

C'est-à-dire que les processus qui forment sa matrice sont une chose, non perçue par l'individu parce qu'elle est au-dessus de ses notions ; et le cours du côté de la vie quotidienne en est une autre. Mais c'est précisément cela qui est dans le champ de vision de chaque simple individu et qui est constamment considéré et révisé, discuté et reconstruit dans la vie.

Ainsi, derrière un concept simple - le choix des couples pour créer une famille - se cachent des processus cosmiques complexes développés par les Créateurs Supérieurs conformément à leurs objectifs et aux objectifs d'amélioration individuelle de chaque âme séparément.

En cas de la création sévère des couples de mariage (rappelez-vous le servage, à l'esclavage, aux religions aux principes moraux stricts, etc.) sans liberté de choix : lorsqu'une jeune femme ou un jeune homme se voit présenter un futur époux et est déclaré mari ou femme par un rite, sans tenir compte des souhaits des partenaires eux-mêmes, il était très courant dans l'Antiquité et surtout dans certaines nations. Les violations de ces rituels étaient sévèrement punies.

Une telle formation de couples s'est faite spécialement d'En Haut, parce que le couple a été construit énergétiquement d'une manière définie dès le moment de leur naissance pour des tâches spécifiques du Cosmos (c'est-à-dire des tâches des Enseignants Supérieurs). Une telle famille produisait des formes matérielles génétiquement déterminées - les enfants - et, sur le plan subtil, certains types d'énergies physiques et subtils pour les mondes Supérieurs. Ainsi, **chaque personne est liée aux processus physiques et énergétiques complexes de la Terre et des mondes Supérieurs**. Et si elle est reliée aux mondes supérieurs, elle doit donner ce qui est requis par les Personnalités qui habitent ces mondes. Il s'avère donc qu'un être humain ne s'appartient pas à lui-même. Il travaille pour la Terre et pour les Personnalités Supérieures, que nous appelons Substances.

Nous révélons de telles choses afin que l'homme puisse avoir une éclaircie et voir qu'il est en relation étroite avec d'autres mondes et êtres. C'est pourquoi il faut voir l'objectif du Supérieur dans ce qui lui est donné en tant que partenaire, et non pas comme la satisfaction de son propre caprice ou comme le travail pour le seul objectif, comme la continuation de la race humaine pour un avenir brillant. Chaque être vivant travaille dans le cosmos pour de nombreux objectifs à la fois, dont certains sont primaires, d'autres secondaires et d'autres encore privés.

L'homme a été créé en tant que forme matérielle pour produire de l'énergie pour la Terre et les mondes supérieurs. C'est le but principal de son apparition sur cette planète. L'accomplissement de ce dessein s'accompagne du perfectionnement de sa propre âme. Le but de ce dernier est de rendre cette âme éternelle afin de la faire entrer dans les processus de l'univers comme un moteur éternel produisant certains types d'énergies pour les plans supérieurs du cosmos. Ainsi, même une âme basse acquiert une grande valeur de ces positions. Une âme basse signifie une jeune âme qui ne s'est pas encore construite et qui n'est donc pas encore devenue un moteur éternel, et qui doit donc habiter dans le monde matériel.

L'homme édifie son âme avec chacune de ses actions, de ses sentiments, de ses pensées et de ses paroles, de sorte que le Supérieur n'est pas indifférent à ce qu'il choisit et à ce qu'il fait. Le choix d'un partenaire pour fonder une famille revêt donc une signification particulière, tant dans le sens de la culture de l'âme que dans celui de la poursuite de l'œuvre du couple pour le cosmos. De nos jours, un individu choisit sa partenaire parmi le nombre limité d'âmes qui lui sont fournies par d'En Haut. Toutefois, cela n'a pas toujours été le cas.

Puisqu'une jeune âme avec peu d'expérience ne comprend pas encore ce dont elle a besoin, alors, dans un premier temps, les Supérieurs prévoyaient une sélection stricte des couples pour une famille selon le programme et cela permettait à une matrice vide d'élaborer quelques qualités et concepts de moralité, encore une fois, strictement imposés au début. Rappelons que la désobéissance était sévèrement punie (généralement par des coups, l'emprisonnement dans des sous-sols, l'absence de nourriture, etc., chaque époque ayant son propre système de punition), et que la trahison, chez certains peuples, se traduisait par la lapidation à mort.

Une femme qui élevait un enfant hors mariage mourait le plus souvent ou traversait une telle censure de la société que son âme recevait des leçons de vie sur la nécessité d'observer la morale à travers des souffrances colossales. C'est ainsi que, par le biais de punitions très sévères, on enseignait aux jeunes âmes la morale humaine de base, leur inculquant les premiers éléments de la moralité.

L'homme a toujours très mal appris les normes de la moralité, il a toujours considéré qu'elle n'était pas nécessaire. C'est pourquoi la moralité a été enseignée par les Supérieurs lorsqu'ils guidaient les jeunes âmes à travers la souffrance. Sinon, l'homme refusait de la suivre, suivant ses instincts et ses désirs. Par conséquent, on pourrait dire qu'on a forcé l'homme à accepter les règles de la haute moralité en le guidant à travers des situations de vie difficiles qui montraient ce à quoi conduirait une violation des normes de conduite et l'obligeaient réfléchir aux conséquences de ses actes.

Les Supérieurs ont donné aux gens une moralité sous forme de nouvelles lois, de règles de conduite, qui ont servi à restreindre artificiellement les désirs humains et les passions débridées. Par le moyen de la moralité, ils régulaient le comportement des individus, indiquaient la direction du développement et supprimaient les tendances indésirables. Par conséquent, la moralité a augmenté ou diminué, mais elle a toujours existé.

Depuis des milliers d'années, les jeunes âmes se développent selon ses lois strictes, acquièrent certaines énergies dans la matrice de l'âme et construisent à partir d'elles des qualités spécifiques. Mais après certains intervalles de temps, c'est-à-dire des stades de développement, ces qualités devaient être testées pour leur stabilité, pour la justesse de leur construction et leur résistance aux tentations. C'était comme un examen - qu'est-ce que l'âme a appris pendant la période de temps qui lui a été accordée pour son développement ; qu'est-ce qu'elle peut se permettre dans la vie lorsque toutes les restrictions et les punitions sévères sont retirées de la vie sociale ? Et elle ne peut être découverte que lorsque la liberté totale et diverses tentations sont introduites dans la société. Par conséquent, **pendant la période de test, la liberté a été introduite dans la société**.

La deuxième partie de l'expérience de la liberté totale était que certaines âmes qui étaient prêtes à passer à un niveau de développement plus élevé devaient obtenir l'énergie et les qualités qui leur manquaient et acquérir de nouvelles expériences. C'était une expérience de libre choix, un individu devait apprendre à choisir lui-même un conjoint approprié qui contribuerait au progrès de son âme et ne l'entraverait pas comme c'est le cas en cas de mauvais choix. Il était donc nécessaire pour l'individu d'acquérir des connaissances dans ce domaine, de devenir une sorte de psychologue afin d'apprendre à analyser, à comparer les personnes et leurs caractères, à voir les mauvaises et les bonnes qualités chez une personne, etc. **La liberté est riche d'enseignements, si elle est utilisée à bon escient**.

Si vous voulez être heureux dans votre vie de famille, cherchez un partenaire digne de ce nom, vous avez toute liberté de choix, réfléchissez, comparez qui vous convient et qui ne vous convient pas et selon quels paramètres, pourquoi vous en aimez un plus, un autre moins, et vous ne regardez pas du tout le troisième. Vous pouvez réfléchir à tout cela, vous pouvez philosopher.

Cependant, une analyse du libre choix du mariage au cours des quatre-vingts années suivantes (après la révolution d'Octobre, qui a ouvert cette liberté au peuple) a montré que les gens ne sont pas devenus plus heureux : un couple sur trois a commencé à divorcer, il y avait beaucoup de célibataires, de familles brisées, d'enfants abandonnés ; il y avait des seconds et des troisièmes mariages.

Mais si nous analysons les périodes spécifiques de développement, par exemple sous le système socialiste, à cette époque les gens étaient restreints par la moralité socialiste inhérente à ce système. Ils ont essayé de respecter certaines limites, du moins, la plupart d'entre eux. Même si, bien sûr, quelques-uns continuaient à violer les normes de la moralité et pouvaient faire tourner les têtes avec plusieurs partenaires en même temps, les changeant souvent. Il y avait quelques délinquants dans tout système. Mais nous ne parlons pas d'eux, leur rôle est différent, mais de la majorité.

Pendant la période de liberté socialiste, les âmes de notre pays ont bénéficié d'un répit encore plus grand : elles pouvaient non seulement choisir librement, mais aussi se séparer librement, ce qui signifie qu'elles pouvaient continuer à choisir leur prochain partenaire de vie. Et dans la période de perestroïka qui a débuté au début des années 1990, il n'était plus obligatoire de légaliser les unions matrimoniales, et le nombre de partenaires n'était plus non plus limité. On peut avoir autant de partenaires que l'on veut, aussi longtemps que sa conscience le permet. Mais beaucoup n'ont pas eu de conscience du tout. Les normes morales ont été abaissées au minimum. Si vous le vouliez, vous deviez vous y conformer ; si vous ne le vouliez pas, vous deviez vivre selon vos propres règles.

Des tendances anti-morales ont commencé à émerger dans la société. Les médias sont devenus le canal du système négatif de l'espace, qui corrompait les masses. La radio, la télévision, les journaux et les magazines ont commencé à parler ouvertement du sexe et des plaisirs qui y sont associés. La lascivité et les mauvaises manières sont devenues la norme, l'humour est devenu dégradé et "en dessous de la ceinture".

Les amants et les prostituées sont devenus les protagonistes de nombreuses œuvres de divers auteurs ayant un faible niveau spirituel. La société a commencé à parler d'amour libre, l'immoralité est devenue à la mode et la moralité a été mise au rancart.

Sur les écrans de télévision, la débauche et les instincts animaux sont devenus les principaux indicateurs d'une relation homme-femme. L'accessibilité facile dans les relations intimes est devenue la norme du comportement féminin, tandis que la psychologie des hommes s'est concentrée uniquement sur le divertissement et les plaisirs basiques.

Personne et rien n'était responsable de toute relation. Vous choisissez qui vous voulez et construisez votre relation comme vous savez le faire, et si ça ne marche pas avec un partenaire, vous pouvez choisir le suivant. Derrière vous, il y a la douleur et la souffrance, la déception et les larmes d'être largué, et devant vous la joie de rencontrer un autre partenaire. Telle était la tendance de la nouvelle moralité de la période de la perestroïka.

À la fin du 20e siècle, la liberté de choix a généralement atteint ses limites maximales, certaines personnes ayant des harems de relations avec de nombreuses femmes qui leur plaisent. C'est-à-dire que les gens étaient conduits par leurs désirs, et c'est la voie de la dégradation. La liberté a permis à beaucoup de respirer librement, se réjouissant que les chaînes soient tombées, et qu'ils puissent maintenant se battre pour leur bonheur et chercher l'unique (ou le seul) qui les rendrait heureux et dorés. Un partenaire a commencé à remplacer l'autre, et cela a continué encore et encore... Et à la fin, généralement à la vieillesse, dévastés, avec des âmes sales, ils ont accumulé un tel karma que leurs âmes ont été données soit au Diable, soit décodées.

Tout le karma ne peut pas être annulé. Le Diable n'a pas de karma. Le Diable s'empare de l'âme du pécheur et lui pardonne tous ses péchés, la faisant travailler pour lui-même. Ces âmes, en revenant à la vie, peuvent agir comme des séducteurs, des séducteurs d'individus positifs et des corrupteurs de jeunes âmes.

Cependant, la liberté totale a révélé non seulement les côtés faibles et imparfaits des gens, mais aussi de nombreuses âmes pures et sincères, responsables de leurs sentiments et de leur amour. La liberté ou pas la liberté, la condamnation ou pas la condamnation - ils n'étaient pas guidés par cela, mais par leurs qualités intérieures. Le juge de leurs actions a toujours été la conscience et la haute moralité.

Ces âmes se comportent de la même manière en présence d'une liberté totale dans la relation entre un homme et une femme et en son absence totale. Ce sont des personnes possédant des qualités stables de la matrice de l'âme, ce qui signifie qu'elles ont une moralité élevée. Ce n'est pas l'opinion publique qui dicte leur ligne de conduite, mais leurs propres qualités personnelles portées à la perfection. C'est pourquoi elles savent clairement de quel partenaire elles ont besoin et n'acceptent pas les autres en fonction des qualités externes et internes qui ne correspondent pas aux normes internes de leur âme, et rejettent toutes les conditions de soi des autres.

Un tel homme choisit une seule partenaire et reste avec elle pour le reste de sa vie et vice-versa. Si d'autres femmes (ou hommes) séduisantes apparaissent sur son chemin, il y reste indifférent et ne reste avec elles que dans le cadre des relations professionnelles et sociales. Il ne peut pas en avoir d'autres, car les autres relations sont en désaccord avec ses hautes qualités d'âme.

Le fait est que lorsqu'une personne a perfectionné une certaine qualité, celle-ci devient légale et commence à dicter la ligne de comportement qu'elle a construite en elle-même au cours de nombreuses vies. Cette personne ne peut pas se comporter autrement. Elle ne peut pas flirter avec d'autres partenaires si elle en a déjà une, ne peut pas entamer de relations non officielles avec elles, ne peut pas les tromper.

Ce sont les hautes qualités déjà construites par l'âme humaine qui sont visées lorsqu'on dit : "Ne vous enjambez jamais", car cela demande un effort énorme pour aller à l'encontre de la loi en soi qui a été construite par de nombreuses vies antérieures. Enjamber la loi en soi, c'est reculer vers la dégradation qui, sur le plan subtil, s'accompagne de la destruction d'une partie de la qualité déjà construite. "Enjamber soi-même", à travers ses grands principes, c'est la destruction et la dégradation, c'est un retour en arrière. Après cela, il faudra une, voire plusieurs vies supplémentaires pour que la qualité qui a été détruite en soi retrouve son stade final. Tout ce que l'on détruit en soi devra être reconstruit à nouveau, ce qui nécessitera de nouvelles vies et des situations difficiles en leur sein. En d'autres termes, il y a une complication des situations dans un avenir lointain.

Nous savons très bien qu'un individu reste fidèle à sa partenaire pour la vie après l'avoir vue une fois et avoir fait son choix définitif, tandis que l'autre choisira pendant des années, passera par les gestes, mais même après avoir fait sa demande et amené sa partenaire au mariage, continuera secrètement à la tromper. Quelle est la raison de ce comportement différent ?

Passons maintenant aux raisons ésotériques des relations entre les personnes, qui influent sur la liberté de choisir ses compagnons de vie. Comme nous l'avons dit plus haut, il existe des personnes dont la construction énergétique des cellules de la matrice est inachevée et dont les qualités parfaites sont achevées, qui se sont transformées en une forme stable. Ces derniers ont toujours un partenaire, et les autres n'existent tout simplement pas pour eux. On leur a donné un partenaire dans le programme de vie et on ne peut pas en donner d'autres, donc ils ne réagissent à personne d'autre en vertu de leur programme. Les séducteurs ne figurent tout simplement pas dans leur programme de vie. Et ils ne le font pas, car ils ont déjà acquis dans leur âme une qualité stable de fidélité et de constance.

En langage cosmique, cela signifie la capacité de créer des connexions durables dans certains des processus du monde, des fonctions d'unité dans l'univers entier. La participation à des processus éternels exige la capacité de maintenir les processus intacts indéfiniment. Mais sur le plan terrestre, tout commence par la capacité à maintenir en permanence le lien avec au moins un partenaire. C'est-à-dire que cette qualité d'unité commence seulement à se développer chez l'homme. Et la famille l'aide en cela. Revenons donc une fois de plus du général au particulier.

Penchons-nous sur la question de savoir pourquoi les âmes fidèles ne reçoivent pas de séductrices/tentatrices à tester ? Il est certain qu'ils ont déjà été testés pour le facteur de l'adultère de nombreuses fois dans des incarnations passées, et la personne a toujours fait le bon choix, donc on pense qu'ils ont acquis des qualités suffisamment stables d'attachement et de fidélité à une seule personne, donc ils n'ont pas besoin de tests inutiles.

Mais si des insuffisances, des faiblesses dans ces qualités sont constatées chez une personne, les Enseignants Supérieurs incluent dans son programme de vie des situations avec la présence d'un partenaire - tentateur ou même plusieurs, étalées dans le temps à travers les différentes années de la vie de cette personne.

Ce faisant, les Enseignants Célestes voient toujours à quelle personne l'individu réagit. Si l'individu ne répond pas à tous les séducteurs/tentateurs, alors la qualité de la loyauté et de l'affection est considérée comme stable. Mais dans la prochaine vie, un autre test lui sera certainement donné. Si le test est passé aussi proprement, aucune autre provocation ne sera donnée à cette âme. C'est pourquoi une telle personne n'a pas la liberté de choisir son partenaire, mais se voit assigner selon le programme un seul et unique partenaire, dans une version stricte.

De même, les âmes positives qui se sont vu confier une mission importante pour l'humanité peuvent ne pas avoir le choix. Elles se voient attribuer de manière rigide un partenaire, avec lequel elles collaborent pour accomplir une tâche importante pour la société.

Mais il y a toujours dans la société de nombreux individus aux qualités instables, c'est-à-dire sous-développées. Ils peuvent être divisés en deux groupes : les jeunes et les personnes d'âge moyen.

Lors du choix d'un partenaire, une jeune âme se concentre le plus souvent sur les tendances qui existent dans la société à une période donnée. Elles ne comprennent pas encore ce qui est bon et ce qui est mauvais, alors elles imitent ce qui fait autorité pour elles.

Et l'âme moyenne, se rendant compte de beaucoup de choses, continue à suivre ses désirs, cherchant des excuses pour ses faiblesses personnelles. Par exemple, elle quitte son partenaire parce qu'il est ennuyeux, reste à la maison, ne va pas au cinéma, et la nouvelle personne qu'elle rencontre est gaie et insouciante, aime aller au théâtre, dans des lieux de divertissement. Il est plus intéressant. Et à la poursuite d'un bonheur imaginaire, une telle âme quitte un partenaire pour un autre, continuant à développer l'adultère et l'inconstance. En allant dans cette direction, elle développe des qualités négatives, car la trahison et l'inconstance sont des qualités qui plaisent au Hiérarque négatif, car Il piège les âmes pour Lui-même sur cette base.

En connaissant les faiblesses de son élève, ou plutôt sa méchanceté, les Maîtres Célestes lui font répéter un programme de vie, dans lequel ils lui donnent de nombreuses situations lui offrant des partenaires variés. Un tel homme fera connaissance avec une femme après l'autre (une femme du même caractère fera de même). Leur relation éphémère leur apportera à tous deux du divertissement et - aucun engagement l'un envers l'autre. Ils s'ennuient rapidement, ne tolèrent aucune restriction et se privent de la liberté de communication avec d'autres individus. Et dès qu'ils rencontrent à nouveau quelqu'un de plus intéressant, ils passent immédiatement à une nouvelle sympathie. Il n'y a pas de censure sociale, et la liberté continue de les corrompre.

Mais la question se pose : pourquoi les Supérieurs autorisent-ils une tromperie constante et comment peuvent-ils arrêter une telle personne ? Après tout, nous savons très bien que toutes les situations sont données pour éduquer une personne, mais que peut-on apprendre du changement constant de partenaires ?

L'individu accumule l'expérience de la compréhension du caractère de l'autre personne. Ils sont constamment en train de comparer un partenaire à l'autre, d'analyser les choses, de distinguer ce qui est mieux chez l'un que chez l'autre, pourquoi l'un est plus intéressant et l'autre plus ennuyeux, etc. Il apprend à trouver une façon de se comporter avec un partenaire et l'autre - c'est un plus. Mais en même temps, l'individu se développe dans un sens négatif, car Dieu valorise la fidélité et la constance, tandis que l'individu construit en lui les qualités opposées. Toutes les situations du programme lui sont nécessairement données avec la possibilité de choisir le développement tant dans le sens positif que dans le sens négatif. Mais lorsqu'un individu s'entête à choisir des qualités négatives, Dieu le livre au Diable.

Cependant, il (le Diable) ne veut pas non plus de trahison. Tout manager souhaite avoir des subordonnés loyaux. Mais comme le Diable obtient les âmes avec des défauts, il doit développer de force les qualités de constance et de fidélité à son égard par ses propres méthodes, selon un programme rigide.

Mais tous les Enseignants positifs continuent généralement à se battre pour leur élève pendant un certain temps, en essayant de leur inculquer les qualités nécessaires à leur Système positif, de sorte que les situations qui donnent le choix entre plusieurs partenaires comportent nécessairement des complications dans la relation.

Habituellement, les nouvelles relations commencent toujours bien et facilement, mais se terminent difficilement : jalousie, querelles, scandales, meurtres et tentatives de suicide ; certaines relations compliquées et matérielles engagées se terminent au tribunal et en prison. Ce sont là autant de moyens par lesquels les Supérieurs tentent d'arrêter une personne, de la faire réfléchir à ses affaires de don Juan et de tirer les conclusions appropriées - ce qui est bon et ce qui est mauvais dans une telle relation et pourquoi.

Une personne souffre dans le mariage afin de réaliser quelque chose. Sans ces difficultés, sans prendre conscience par la souffrance personnelle de leur relation avec leur partenaire, ils ne veulent pas passer d'une voie négative à une voie positive. C'est pourquoi ils sont si nombreux dans les programmes des gens. De nombreuses situations donnent non seulement de nombreux partenaires, mais aussi autant de souffrances, de problèmes et de chagrins.

Si, par contre, une personne, même après ces tragédies dans lesquelles elle implique ses partenaires, continue à ne penser égoïstement qu'à ses propres intérêts et plaisirs, alors elle est transférée dans un système négatif. Ici, elle y poursuit son développement dans des qualités qui plaisent au Hiérarque négatif, qui, contrairement à Dieu, ne tient pas compte des désirs humains et ne laisse à personne la liberté de choix. Il faut se rappeler qu'il n'y a pas de liberté de choix dans les mondes du Diable, c'est-à-dire dans les mondes négatifs (voir notre livre "Les mystères des mondes supérieurs").

Ainsi, le concept sans prétention de « liberté de choix » peut conduire un jour une personne à des résultats désastreux - la perte complète de toutes les libertés, puisque la robotisation domine dans les mondes négatifs des niveaux bas et moyen.

## QUELS SONT LES PARAMÈTRES UTILISÉS POUR SÉLECTIONNER UN PARTENAIRE PAR LE SUPÉRIEUR

Chaque jeune personne pense qu'elle peut tomber amoureuse d'une personne sur trois ou cinq du sexe opposé et être capable de fonder une famille avec n'importe qui. Un garçon aime une fille, une autre, ... la cinquième, ... la dixième. La conscience inexpérimentée ne remarque pas les restrictions spéciales, sur la base desquelles une fille qu'il ne peut qu'approcher, une autre qu'il ne peut rencontrer qu'avec un regard, et une troisième qu'il ne verra qu'au club de sport. Il lui semble seulement qu'il peut avoir une relation avec chacune d'elles et que chacune d'elles peut devenir sa petite amie s'il le souhaite, mais cela ne se produit pas.

Le temps passe et toutes disparaissent de sa vie pour toujours. Mais pourquoi ? Parce que son programme de vie avait établi des restrictions qui empêchaient toutes ces filles de devenir des compagnes dans sa vie. Leurs chemins, comme on dit, se sont séparés comme des bateaux en mer. Et il y a des explications parfaitement compréhensibles à cela : l'une est allée dans un institut dont il ne voulait pas, une autre a choisi de faire du commerce de manière inattendue, ce qui l'a humilié à ses yeux, et une troisième a soudainement sauté le pas pour épouser son voisin.

Mais **les intérêts différents sont les restrictions (entraves) invisibles qui divisent les gens, tout comme les intérêts identiques les unissent.** Cependant, ces restrictions sont nombreuses. Il existe différents types de caractères qui empêchent les gens non seulement de former un couple, mais aussi de se rapprocher l'un de l'autre. Si, par exemple, une personne calme ne tolère pas les personnes actives et mobiles, alors aucune beauté active (ou beau gosse) ne pourra lui demander de sortir, même pour un rendez-vous. La plupart des âmes qui sont suffisamment matures savent que tel ou tel type de caractère les repousse et est inacceptable pour un contact étroit.

Et il suffit parfois d'avoir un trait de caractère chez une autre personne pour qu'elle ne soit pas acceptée dans son cercle social. Et ce trait de caractère est également un facteur limitant qui maintiendra les gens à distance.

Cependant, il faut savoir que certaines personnes n'ont qu'un seul partenaire dans la vie avec lequel elles peuvent s'engager dans l'amour et l'intimité, tandis que d'autres en ont plusieurs.

Par exemple, un homme se vantait d'avoir eu 200 amantes avant le mariage, dont il notait soigneusement les noms dans un carnet. Il s'est lui-même demandé de combien de femmes il pouvait tomber amoureux sans être beau, intelligent ou talentueux. Cela a été facilité par le seul trait nécessaire pour établir autant de connexions : la débauche. Mais il se considérait comme irrésistible et était très fier de son succès.

Nous l'exprimons ainsi : "Il n'est pas nécessaire d'être beau pour avoir de nombreux admirateurs, mais d'être libertin/dissolu".

Une autre personne, plus décente et consciencieuse, ne comptera même pas trois victoires d'amour dans son arsenal. Le fait est que le nombre de personnes avec lesquelles une personne peut entrer en contact au cours de sa vie est initialement déterminé en fonction de la trame de son programme, et cette trame dépend des objectifs qu'un personnage donné doit atteindre.

Nous ne parlerons pas du nombre total de personnages dans sa vie, mais nous nous attarderons uniquement sur la ligne des relations amoureuses. Et comme cette ligne a également un objectif strictement précis, vers lequel les Supérieurs tentent de conduire leur disciple, toutes les scènes de rencontre avec le sexe opposé sont élaborées et programmées par les Maîtres Célestes. Ces scènes incluent pour le contacter avec le nombre de femmes (ou d'hommes) qui obtiennent le droit d'entrer en relation amoureuse avec le protagoniste... mais le droit de choisir est laissé à chacun.

Ainsi, chaque programme détermine à l'avance le nombre exact de partenaires amoureux avec lesquels le protagoniste peut entamer une relation, mais c'est à lui de décider comment il va utiliser ces partenaires, se limiter à flirter ou les utiliser pour une relation sérieuse, puis partir, en changeant de partenaire.

Plus un individu s'est comporté de manière irresponsable (débauché) dans une vie antérieure, plus il aura de partenaires dans une nouvelle. Mais cela ne signifie pas qu'il a des capacités spéciales, son irrésistibilité, mais seulement un gros défaut, un défaut dans l'âme, que les Supérieurs essaient de recycler.

Le nombre de ces partenaires est réduit au minimum pour les âmes qui se développent dans une direction positive, jusqu'au point où l'homme n'a pas le choix, comme nous l'avons dit plus haut, mais se voit attribuer un seul partenaire avec lequel il reste pour le reste de sa vie. Cependant, ce n'est qu'un honneur pour une telle âme, car cela indique la présence en elle de nombreuses qualités élevées qui ont été développées dans des incarnations passées.

Ainsi, moins un être humain est développé spirituellement, plus il a des partenaires amoureux, et vice versa. Et leur nombre avec une précision de un est fixé par les développeurs de l'histoire du programme de vie d'une personne à partir d'En Haut, en fonction des objectifs fixés.

Mais comment le protagoniste d'une intrigue se sent-il lui-même à l'idée de l'introduire dans la réalité ?

Certaines personnes intelligentes se rendent compte qu'il est très difficile de trouver son vrai partenaire, quand on a le choix, et qu'il y a des milliers de raisons qui s'y opposent. Dans une personnalité différente, une personne peut ne pas être satisfaite des traits de caractère, des prédilections ou des indicateurs externes (un long nez, une maigreur ou une plénitude excessive, des jambes courtes ou une expression faciale terne). Le héros peut "rater" son véritable partenaire en étant paresseux ou lent d'esprit. Mais parfois, un seul regard suffit pour qu'une personne se rende compte qu'elle a trouvé la personne (ou l'unique personne) avec laquelle elle est prête à marcher pour le reste de sa vie. Comment cela se produit-il, et pourquoi y a-t-il une telle différence dans le choix des partenaires ?

**L'une des raisons** que nous avons déjà signalées est **la présence de qualités inachevées,** ou plutôt **incomplètes, dans la matrice.** Par conséquent, une personne dont les qualités de fidélité et de constance sont inachevées se voit attribuer des partenaires d'essai. Ils sont choisis par le Supérieur sur le plan subtil avant l'incarnation de l'âme sur la Terre. Son programme de vie est élaboré à différents niveaux, avec une partie familiale, énergétique et technique.

Tout d'abord, la partie énergétique du programme de vie de l'homme en devenir est formée, ce qui signifie qu'on étudie : quelles sont les qualités de l'âme qui sont inachevées et quels types d'énergies manquent dans les cellules de sa matrice. Par exemple, les cellules dotées des qualités d'amour, de bonté, de tendresse restent incomplètes, si cette qualité a commencé à être construite par l'âme. De même, les qualités de conscience, de devoir, de responsabilité et autres peuvent être incomplètes. En d'autres termes, la relation de couple ne repose pas uniquement sur les qualités de constance, d'amour et de fidélité, mais aussi sur bien d'autres.

Chaque qualité est formée d'une énergie homogène. La cellule peut être légèrement remplie, à moitié remplie ou sur le point de l'être. Tout est individuel pour chaque âme. Les âmes avec des cellules non remplies sont approchées par des âmes similaires avec des qualités similaires non remplies. C'est-à-dire qu'en établissant des relations entre elles, elles devraient remplir mutuellement les cellules similaires de leurs matrices avec des énergies homogènes. Mais elles peuvent développer des qualités différentes dans les mêmes situations : l'une continuera à construire la qualité de l'amour, tandis que l'autre construira la qualité de la haine, en se détournant vers le côté négatif.

Si, cependant, la personne qui doit construire la qualité de constance et de fidélité est réunie à travers des situations avec la personne dans laquelle elles ont déjà été construites, alors dans ce cas, il s'avérera que la première commencera à tromper son partenaire, et le second lui restera fidèle, et pour cette raison commencera à souffrir, et développera d'autres qualités par la souffrance. Cela n'est possible que lorsque l'autre individu est testé pour voir si ses qualités sont stables. L'autre personne peut commencer à le tromper en représailles de l'avoir trompée, ou se venger en l'empoisonnant ou en engageant un tueur à gages.

La réaction peut être très différente, mais dans tous les cas, le point le plus faible de sa construction apparaîtra. C'est-à-dire que dans ce cas, le programme sélectionne des partenaires de niveaux différents afin de tester les qualités des deux, mais l'un testera certaines qualités et l'autre d'autres. (Le premier continue à se développer dans les qualités inachevées de l'amour, tandis que l'autre continue à se développer dans les autres qualités).

De plus, **lors de la formation de paires de partenaires d'En Haut, le niveau global de développement humain est pris en compte.** S'il est d'un niveau inférieur, c'est-à-dire s'il s'agit d'une jeune âme qui vient de quitter le monde animal ou l'autre monde, qui a peu de connaissances, d'expérience, il faut lui donner des partenaires d'un niveau inférieur correspondant. Ainsi, dans une trame simple du programme, deux individus de bas niveau se rencontrent, s'apprécient (ce pour quoi une impulsion spéciale est donnée dans le programme) et après plusieurs situations, ils forment une famille.

Si un individu peu développé est apparié à un partenaire très développé, ils sont tout simplement incompatibles. Une femme directrice, par exemple, serait-elle intéressée par un simple ouvrier ? Elle n'a rien à dire avec lui. Il ne sera jamais en mesure de comprendre ses problèmes et de partager avec elle la richesse des sentiments qu'elle a déjà accumulés dans son âme. Et son discours primitif la dégoûtera rapidement par la misère de sa pensée et la primitivité de son expression.

Un homme très spirituel ne pourra pas non plus choisir une femme très inférieure. De même, une laitière ne pourra pas plaire à un président plein d'entrain à cause de la grossièreté de son âme. Et si, dans les contes de fées, un prince épouse Cendrillon, on essaie ici de faire passer le faible niveau de vie matériel de Cendrillon pour un faible niveau de développement humain, bien que ce ne soit pas le cas. Ces subtilités doivent être comprises, c'est-à-dire qu'un faible niveau de vie n'est pas toujours une indication d'un faible Niveau de développement personnel. Il est possible d'être très pauvre et très développé, comme

Diogène, qui vivait dans un tonneau à l'époque d'Alexandre le Grand ou Karl Marx à des époques plus proches de nous. C'était un intellectuel qui a été soutenu financièrement par le capitaliste Engels.

C'est pourquoi, lorsqu'un prince se voit attribuer une partenaire pauvre, il doit s'assurer qu'elle lui correspond en termes de développement. Dans l'histoire, il y a eu des femmes qui ont épousé des monarques issus du peuple et qui ont ensuite commencé à gouverner le pays à leur place. C'est leur niveau de développement qui leur a permis d'apprendre rapidement tous les nouveaux concepts dans un environnement modifié, de se souvenir des connaissances passées de l'âme et de les appliquer dans les conditions des temps nouveaux.

Et si un monarque devait épouser une cuisinière de très bas niveau, elle ne comprendrait tout simplement pas le mode de vie de la couche sociale environnante, elle ne comprendrait rien à ses affaires et serait d'autant plus incapable de prendre les bonnes décisions pour son peuple et de se sortir des intrigues de palais. Cela nécessite un capital de connaissances à sa disposition, accumulées dans des situations similaires dans d'autres vies.

De même, un élève de première année n'est pas en mesure de comprendre ce que l'enseignant dit aux élèves plus âgés, car son niveau de développement ne s'est pas encore élevé, par le biais de la compréhension successive des connaissances, au niveau de ces élèves plus âgés. En revanche, il comprend normalement ce que l'enseignant de sa classe lui enseigne, car ces connaissances correspondent à son niveau de développement à ce moment-là.

De même, les conjoints, pour se comprendre et se développer normalement, doivent se correspondre en termes de niveau et de situations dans lesquelles ils se trouvent selon le programme de vie compilé. C'est ce même niveau de développement qui leur permet de se comprendre d'un coup d'œil sans mots.

En effet, **le niveau de développement des âmes est donc l'un des principaux indicateurs dans la sélection des couples.** C'est pourquoi les futurs présidents sont mariés à des épouses qui non seulement comprennent leur travail, mais sont également capables de donner des conseils et de donner la bonne piste. Ces épouses ont une grande expérience de la vie et leur âme possède un vaste réservoir de connaissances, sociales et autres.

Cependant, il arrive que le programme impose une épouse (ou un mari) très développée à un partenaire de bas niveau. Cela peut être le cas lorsqu'une jeune âme a besoin d'un coup de pouce pour son développement, ou lorsque certaines qualités d'un partenaire supérieur doivent être testées, comme la patience, le degré de pardon, la capacité à influencer une intelligence inférieure et à lutter pour sa justesse.

Il peut aussi s'agir d'un test donné d'en haut à une âme supérieure qui doit porter sa croix sous la forme d'un partenaire inférieur. Cela s'accompagne toujours de toutes sortes de complications dans la vie, car on ne sait jamais ce que le modeste individu va faire ensuite, jusqu'où il ira demain ou après-demain.

Mais une question se pose : comment alors une âme élevée peut-elle choisir un partenaire inadéquat ? Il se trouve que pour imposer un tel partenaire à une âme supérieure, il faut que les supérieurs les décrivent séparément, car elles ne tiendraient pas dans ce livre, tant elles sont nombreuses. Nous n'en mentionnerons ici qu'une seule.

Tout programme de vie a son propre côté technique, lié à la construction de situations holographiques de l'existence d'une personne ou d'un groupe particulier et à l'inscription de ces événements dans le temps. En outre, certains types d'énergies nécessaires à ces actions sont également fournis à chaque événement. Ainsi, les scènes familiales ordinaires sont en fait formées de manière très complexe par des développeurs supérieurs, et l'intelligence humaine n'est pas encore suffisante pour appréhender cette technologie du phénomène dans sa totalité.

Et aux yeux d'une personne, la scène très réelle dans des conditions terrestres semblera primitive jusqu'à la naïveté, et le scénario lui-même peut sembler très simple: quelqu'un a rencontré quelqu'un, se sont aimés, légèrement courtisés l'un après l'autre, puis un mariage , puis - la vie quotidienne ennuyeuse d'une simple famille de travailleurs. Mais ce n'est que le côté banal de la vie.

La partie technique est réalisée par des Personnalités Supérieures dans le monde subtil, c'est-à-dire en dehors du champ de vision de l'homme, mais elle est constante, quotidienne. Même pour que le partenaire souhaité soit aimé par l'âme désirée, il est souvent nécessaire d'utiliser le côté technique du programme.

Pourquoi, par exemple, choisit-on une personne parmi un millier d'autres autour de soi et passe-t-on indifféremment à côté des autres ? De nombreuses personnes remarquent que lorsqu'elles rencontrent leur partenaire, elles ressentent un courant entre elles. Les gens disent : "Je l'ai regardée et j'ai tout de suite su qu'elle était la seule et unique" ou "Nos regards se sont croisés et nous avons réalisé que nous nous étions cherchés toute notre vie". C'est la reconnaissance du partenaire qui est destinée à une personne d'En Haut.

Et pour s'assurer qu'elle ne passe pas à côté, une impulsion énergétique est incluse dans le programme. Il s'agit de l'aspect technique du programme de vie. Une impulsion est l'énergie du plan subtil, et pour l'homme, elle est invisible, mais il peut la saisir, la sentir comme une décharge nerveuse, comme une étincelle. C'est leur sens de l'énergo-impulsion, reliant les programmes de deux personnes, qui ne se sont jamais vues auparavant, dans des situations communes. L'énergo-impulsion s'arrête toujours à un dispositif de séduction ou à un futur compagnon de vie, grâce auquel une personne se détache d'une foule de milliers de personnes... celle pour laquelle il est programmé. Elle (l'énergoimpulsion) apparaît lorsque les programmes sont combinés par le temps et les constructions holographiques du plan subtil.

Le coup de foudre, comme nous l'avons évoqué dans notre série précédente, n'est rien d'autre que l'action d'une énergo-impulsion similaire reliant, tout d'abord, les programmes de deux personnes. Si les futurs partenaires ne se sont pas connus auparavant et ne sont pas liés par des situations de vie, alors pour que leurs programmes commencent à fonctionner ensemble, une énergo-impulsion suffisamment puissante est nécessaire, ce qui inclut dans les deux programmes des situations travaillant en parallèle l'une à l'autre et leur permettant de s'unir pour des réunions communes. Cette impulsion peut être comparée à l'allumage d'un téléviseur : en appuyant sur un interrupteur, l'électricité est transmise au téléviseur, qui commence alors à afficher des images. De la même manière, l'énergo-impulsion - lance un programme commun, dans lequel deux programmes individuels différents se réunissent en un seul événement, permettant aux gens de se rencontrer. C'est là que commencent les rencontres et la vie commune.

Mais bien sûr, tout le monde ne ressent pas ce genre d'impulsion. Il peut être d'une puissance variable, et la sensibilité des gens à son égard peut ne pas être la même. Cependant, si une personne analyse ses rencontres avec le sexe opposé, elle peut trouver d'autres sentiments accompagnant sa rencontre avec la personne qui sera son partenaire dans la vie ou qui y jouera un rôle particulier.

**Lors de la sélection des binômes, les Supérieurs prennent également en compte les objectifs et les buts du développement de la société.** Si le partenaire est appelé à occuper une position élevée dans la société ou un poste important, un deuxième partenaire est choisi pour l'assister. Cela peut également se produire dans le cas de couples de personnes créatives - l'un développe son talent, l'amenant à la perfection et entraînant en même temps d'autres membres de la société avec lui, et le second partenaire est obligé de lui consacrer sa vie, créant toutes les conditions pour le développement de son talent. Bien que l'autre partenaire reste dans l'ombre, il/elle développe des qualités aussi fines et élevées que l'abnégation de soi, de ses intérêts pour le bien de l'autre, la patience, le respect de l'autre. Le développement est donc toujours mutuel, mais dans des qualités différentes.

**Un autre indicateur important de la sélection des paires par le Supérieur est l'énergopotentiel de l'âme**, un indicateur de sa puissance et de son niveau de développement. Elle est formée des potentiels totaux des accumulations énergétiques des qualités de l'âme (la matrice et ses enveloppes) et se réfère aux caractéristiques techniques de l'âme. La volonté dépend largement de ce paramètre.

Sur Terre, il y a des âmes hautes, des âmes moyennes, des âmes basses. Ces dernières ont également un psychisme faible ; c'est pourquoi elles ne supportent pas les chocs de toute nature, sont facilement inspirées, cèdent facilement aux tentations et aux vices ; ce sont des personnes à la volonté faible, c'est-à-dire de jeunes âmes qui n'ont pas accumulé un grand volume d'énergie dans la matrice. Le potentiel de leurs âmes est faible. Et en conséquence, les personnes à fort énergopotentiel ne sont pas ou peu soumises à l'influence de quelqu'un d'autre, elles ne sont pas hypnotiques, elles ne suivent que leur propre ligne de conduite dans la vie et sont capables de plier à leur volonté les personnes à faible énergopotentiel. Cet indicateur récompense donc la personnalité aux qualités très marquantes.

Lors de la sélection des partenaires, les Supérieurs essaient d'utiliser les énergopotentiels égaux des âmes, en fonction des objectifs fixés, ou la différence entre leurs valeurs ne doit pas dépasser une certaine valeur. Si ce paramètre n'est pas pris en compte, un potentiel plus fort supplantera toujours un potentiel plus faible et ce dernier ne pourra pas du tout se développer.

Pour résumer ce qui précède, soulignons les principaux indicateurs par lesquels les Enseignants Supérieurs sélectionnent les couples pour la vie conjugale. Ce sont :

1. les qualités inachevées dans les cellules de la matrice de l'âme ;
2. leurs niveaux de développement sur Terre ;
3. les objectifs fixés à la société ;
4. l'énergopotentiel des âmes.

## Chapitre 2

## LA LIBERTÉ DU MARIAGE

Examinons maintenant la question suivante : qu'est-ce que la liberté de mariage, que donne-t-elle aux personnes et que donne-t-elle au cosmos ?

À partir de la Révolution d'Octobre et de l'établissement de l'État socialiste, comme nous l'avons déjà mentionné, la liberté dans le choix des couples pour les relations familiales a été introduite dans notre pays. Le nouveau gouvernement valorise la famille en tant que noyau de la société, mais tente d'introduire des innovations dans les relations entre les personnes. Elle a donc supprimé les barrières entre les différentes classes de la population, les riches devant épouser les riches, les pauvres - les pauvres, les paysans - les paysans, les travailleurs à leurs partenaires respectifs.

Avant cela, si un individu de la classe supérieure - un prince ou un comte - prenait pour épouse une fille pauvre, cela était considéré comme de mauvais goût et suscitait la censure de la société. Un prince ne pouvait même pas prendre une fille de la classe des marchands, car cette strate sociale ne correspondait pas à leur haute classe.

Dans la Russie pré-révolutionnaire, la société était divisée en toutes sortes de domaines, qui correspondaient dans une certaine mesure aux niveaux de développement de l'âme des gens. Tout cela était planifié d'En Haut, et les gens ne faisaient qu'adhérer aux dispositions établies. Ainsi, lorsque la révolution a supprimé tous les domaines et introduit la liberté de mariage, pour la plupart des gens, c'était un progrès dans la construction d'une nouvelle relation entre un homme et une femme.

La liberté de choisir un partenaire permettait de choisir n'importe qui. Il faut maintenant se fier à son propre goût. Cependant, cette liberté continue d'être restreinte par un certain nombre de lois soviétiques et par la moralité établie dans la nouvelle société.

Le nouvel État a créé ses propres lois pour former des familles et ses propres rituels pour accompagner la réunion de deux jeunes gens. La nouvelle moralité a introduit de nombreuses conventions et lois non écrites qui éduquaient les jeunes et les empêchaient en même temps de se laisser aller à la débauche.

Avoir un enfant hors mariage était condamné et mal vu par la

société. Le divorce était également considéré comme une honte. Pour la première fois, la société socialiste a commencé à apprendre aux jeunes à construire de belles relations entre eux avant le mariage ; on leur a appris à faire la cour : à offrir des fleurs et des petits cadeaux, à aller ensemble au théâtre et au cinéma, à discuter de ce qu'ils avaient vu, à danser sur la piste de danse, etc. La société a tenté de transmettre aux jeunes générations une culture de la relation.

Depuis les années 1990, la liberté dans les relations des jeunes couples amoureux est allée encore plus loin et a atteint un niveau maximal. Avant cela, chaque personne pouvait choisir librement son âme sœur, guidée par des sentiments ou des considérations personnelles, mais en même temps, il y avait toujours un objectif - contracter un mariage légal pour créer des relations familiales normales.

Depuis ce temps, la liberté de choix est restée, mais la finalité de ces relations a radicalement changé. Les jeunes ne voulaient pas se marier légalement et la mode des concubinages s'est répandue. Les gens ont commencé à se marier et à se séparer, en évitant les rituels communs (mariages, cérémonies) et en ignorant les autorités de l'État qui enregistrent l'union des deux qui ont légalisé leur relation. "Pourquoi avons-nous besoin d'un mariage ? - ils ont dit. - Nous pourrions nous séparer dans six mois parce que nous ne sommes pas d'accord, ou pour d'autres raisons. Et puis il y a la paperasserie - divorcer à nouveau, passer par la bureaucratie. Et c'est toute la philosophie de la réflexion sur leur relation.

Ils veulent vivre une vie facile, heureuse, sans problèmes, mais finissent par être malheureux et solitaires, démunis et nécessiteux, avec des vies brisées et une multitude de problèmes insolubles.

D'autre part, la société a commencé à considérer les concubinages avec sérénité et même à les encourager à la télévision et dans la presse. Quelle démocratie ! Tout est permis. Pourquoi se compliquer la vie ? Il est préférable de suivre la voie la plus simple : quand une fille vous plaît, vous vous mettez ensemble ; quand elle ne vous plaît pas ou que vous en trouvez une plus jolie, vous rompez. Et vous n'avez rien à partager, aucune propriété. Quoi de plus facile ? Pas besoin de dépenser de l'argent pour un mariage, pas besoin de passer par des périodes d'essai, qui étaient généralement établies par le bureau d'état civil (enregistrement des actes de l'état civil), dont le but était d'éviter plus tard la souffrance des divorces et les larmes de quelqu'un.

En raison de ces mariages libres, l'un des partenaires change au moins une ou deux fois de partenaire au cours de sa vie. Ses sentiments deviennent superficiels, son respect pour le sexe opposé de moins en moins grand, son mépris de plus en plus grand, ses frustrations et ses rancœurs s'accumulent. Un homme court toute sa vie à la recherche d'une meilleure compagne, mais il finira par se contenter de celle qui accepte de partager ses vieux jours ; il court après le bonheur, mais il s'avère qu'à chaque nouveau partenaire, il en a de moins en moins.

Cependant, que se passe-t-il réellement au niveau national lorsque des mariages libres sont créés ?

Les concubinages sont une approche purement animale pour établir la formation des relations avec le sexe opposé. Les animaux font de même ; ils ne s'embarrassent pas des problèmes liés au maintien d'une relation pendant de longues périodes. Mais pour être précis, cela ne s'applique pas à tous les animaux, certains animaux sont en relation avec leur partenaire toute leur vie.

Dans les unions libres, les gens ne s'unissent pas pour avoir une famille et des enfants, mais pour satisfaire leurs instincts les plus bas, pour obtenir un plaisir à court terme, et pour ne penser à rien d'autre. C'est-à-dire qu'ils sont mus par leurs propres désirs les plus bas (primaires).

Une personne qui s'engage dans une relation illégale doit se rappeler qu'une telle famille est aussi rapide à se former qu'à se dissoudre, et que les conséquences sont toujours tragiques. Les gens cessent de se sentir responsables de ceux avec qui ils sont liés par le destin. Par conséquent, lorsqu'ils décident de vivre en union libre, cela signifie qu'ils pensent initialement que leur famille ne durera pas, projetant à l'avance la rupture et le départ de l'un d'entre eux dans le futur. Et environ 70 % de ces unions libres se brisent.

Ce type de mariage permet surtout de combler les faiblesses des hommes : si quelque chose ne leur convient pas, est-il difficile de dire au revoir à son partenaire ? Prenez votre valise et dites adieu à l'amour.

En outre, la psychologie d'une personne qui est dans une relation légale dans le cadre d'un mariage et dans une relation non mariée est différente. Dans un mariage de fait, une personne ne veut pas se contrôler ou rendre compte à son partenaire de son retard après le travail ou de ses sorties pendant la journée. "Ne harcèle pas de questions, je n'ai pas à te faire de rapport. Je suis libre", dit-il.

Dans un mariage illégitime, le partenaire continue de se considérer comme libre et ne doit rien à personne, puisqu'il n'y a pas de papiers d'État pour le prouver ni de tampon dans son passeport. Cette psychologie abaisse son niveau de conscience. C'est comme s'il choisissait à l'avance une voie de développement basse afin de ne pas s'embarrasser des problèmes liés à la prise en charge des autres et à la responsabilité d'autrui.

D'un point de vue de l'évolution, c'est la même chose que si un lycéen passait en première année chaque nouvelle année pour ne pas ennuyer son cerveau avec un programme compliqué. C'est plus facile lorsque l'on suit un modèle simplifié. Et le fait que cela n'ajoute rien à ses connaissances, il ne pense pas.

Il faut dire que ces "maris libres" ne versent souvent pas non plus l'intégralité de leur salaire à leur concubinage, comme c'est la norme dans les familles légales. L'argent n'est généralement dépensé que pour la nourriture. De nombreux hommes sont des parasites des femmes : ils mangent à leurs dépens et considèrent que c'est normal. "Si tu veux que je sois avec toi, nourris-moi. Et c'est suffisant pour moi d'être là". C'est leur façon de se comporter, c'est-à-dire qu'ils deviennent en fait des parasites, des pique-assiettes. Mais beaucoup de femmes le font pour avoir leur bien-aimé à leurs côtés. Elles les nourrissent, les soignent, les font se sentir bien, jusqu'au jour où il leur dit : "Je te quitte pour quelqu'un d'autre. Tu t'es enfoncée, tu ne m'intéresses plus".

La conscience de l'homme dans ces concubinages fonctionne de manière totalement différente, et l'homme n'acquiert pas les qualités dont Dieu a besoin, telles que la responsabilité, l'amour, l'attention portée aux membres de sa famille, la prise en compte des intérêts du partenaire, l'unité, la création de liens. En revanche, une personne développe les qualités qui plaisent au Diable : l'insouciance, l'irresponsabilité, le parasitisme, l'indulgence pour les bas désirs et la cruauté (quand on abandonne l'autre, elle le fait cruellement, lui causant douleur et souffrance).

C'est bien de se retrouver, mais difficile de divorcer. C'est le cas tant pour les mariages légaux que pour les concubinages. L'absence de documents de mariage ne diminue pas la tragédie et la douleur des ruptures. Mais les choses peuvent être bonnes au début. Le couple vit normalement pendant un certain temps. La femme commence à croire qu'elle est la seule pour son partenaire, cela arrive souvent à la naissance d'un enfant. Mais après quelques années, l'homme rencontre une séductrice et quitte sa première compagne. C'est alors que les problèmes commencent, les tragédies, le karma entre en jeu, les choses vont souvent au tribunal. Mais que se passe-t-il au cours de ce processus ?

Sur la Terre, les lois de la société ont changé, les gens ont décidé de se donner un répit en abolissant les peines pour un certain nombre de violations, mais dans les mondes supérieurs, les lois ne changent pas et les exigences des supérieurs envers les gens restent les mêmes - ils ont besoin de personnes hautement morales, hautement spirituelles, responsables de leurs propres actes et de ceux des autres.

Par conséquent, lorsqu'un homme (ou une femme) quitte son partenaire, il s'agit d'une violation de la loi établie par Dieu (la Bible dit : "Que la femme s'attache à son mari") et un nœud karmique est noué. Tant qu'il y aura des personnes de sexe différent, il y aura aussi des mariages légalisés. Elle ne disparaîtra sur Terre que lorsque l'homme se transformera en androgène, c'est-à-dire en un être hautement spirituel unisexe, et que le besoin de reproduction disparaîtra. Ce dernier se produira lorsqu'un homme aura atteint un niveau de développement plus élevé. Cela ne se produira que dans quelques millénaires.

L'aggravation du karma se produit lorsqu'un homme abandonne une femme avec un enfant, la laissant naturellement sans pension alimentaire, sans moyen de subsistance, puisque le concubinage n'implique pas de prendre soin de l'abandonné. L'individu est donc lié à un double karma : abandon de l'enfant et abandon du partenaire. Lorsqu'une situation critique survient dans la relation, leur conscience chute de façon catastrophique jusqu'à zéro. C'est-à-dire qu'ils ne pensent pas que l'enfant a besoin d'être nourri, habillé, donc s'il part, il ne paiera volontairement aucune pension alimentaire pour quoi que ce soit. Il utilise l'argent mis de côté dans son salaire pour entretenir son enfant pour son propre plaisir. En outre, lorsque la concubine commence à exiger un certain montant pour leur enfant commun, l'homme devient amer, son amour se transforme en haine.

Il arrive un moment où les relations sont difficiles. L'ex-couple est prêt à tuer, à se détruire mutuellement (c'est-à-dire qu'il commence à développer des qualités négatives). La concubine tente de se venger de son mari, le mari de sa femme, on en arrive à des procédures judiciaires. Et toutes leurs actions continuent à construire le karma. Le fait que le mari ait abandonné sa femme (ou vice versa) se reportera dans la prochaine vie, où quelqu'un l'abandonnera également. Et s'il a également laissé un enfant sans moyens de subsistance, dès sa naissance dans la nouvelle vie, quelqu'un peut également l'abandonner, et ainsi, dès son enfance, il commencera à travailler son karma accumulé dans la vie précédente.

Lorsqu'une personne se comporte de manière incorrecte, c'est-à-dire qu'elle enfreint les lois, elle pèche. Cela signifie que par ses mauvaises actions, elle produit des énergies qui ne contribuent pas à sa progression dans le sens positif. Elle capte des énergies basses et sales, qui seront éliminées après la mort, mais sa matrice reste inachevée. C'est pourquoi, dans la prochaine vie, elle sera obligée de passer par les mêmes situations, afin de gagner les qualités souhaitées par le Supérieur. Si quelqu'un répète constamment ses péchés d'incarnation en incarnation, il commence à accumuler des énergies négatives, une telle personne est transmise au Hiérarque négatif et commence à se développer sur une voie négative.

Mais comment les normes morales régulent-elles le remplissage par une personne d'énergies positives ou négatives dans la matrice et les enveloppes subtiles ?

Si un individu accomplit une action conforme à la haute moralité établie dans la société, il acquiert une énergie positive ; s'il va à l'encontre des lois de la moralité et de la morale, alors ses mécanismes subtils produisent de l'énergie négative et il se développe dans une direction négative. Les concubinages, en particulier, y contribuent de plusieurs manières.

Pourquoi y a-t-il tant d'enfants sans parents et sans abri aujourd'hui (au début du 21e siècle) ? Les orphelinats sont surpeuplés. Ce sont des âmes qui se remboursent de leur passé pas si lointain, dans lequel elles ont également abandonné des enfants similaires. Les âmes se réincarnent assez rapidement maintenant, donc après s'être créé un karma à cette époque, les couples le répareront à cette même époque.

Le fait même d'éviter une relation légale, c'est-à-dire de contourner les lois par une pente glissante, est déjà un péché. L'union libre d'un couple pour avoir des relations sexuelles est également un péché, car le sexe n'a jamais été conçu par les Supérieurs pour faire plaisir à l'homme, elles n'ont été conçues que pour servir la procréation. C'est pourquoi l'utiliser uniquement pour la joie de vivre est une passion pour les bas instincts, une régression dans le monde animal et le remplissage de l'enveloppe astrale avec des énergies sales.

Rien n'est autant condamné par les Supérieurs que les relations sexuelles mises au service des plaisirs de l'homme. Rappelez-vous comment ils ont puni Sodome et Gomorrhe, comment ils ont débusqué 230 000 personnes en Asie du Sud-Est déjà à notre époque (tsunami). C'était un quartier où la débauche et la prostitution prospéraient. Une grande vague a permis de se détacher des énergies sales de la surface de la Terre, qui s'y sont transportées vers le Cosmos. Avec de telles catastrophes, les Êtres Supérieurs rappellent à toute l'humanité les punitions existantes d'En Haut et qu'ils regardent tout le monde d'En Haut et dans ce cas en sont mécontents, mais une personne, en raison de son aveuglement, de son ignorance et de sa soif de plaisir, ne veulent pad remarquer ces signes, croyant qu'il ne s'agit que d'accidents catastrophiques.

Nous donnons ces exemples pour rappeler aux gens que la

dépravation/perversion/débauche de chacun ne restera pas impunie. Et les concubinages représentent précisément ce qui déprave les gens. La sanction (punition) rattrapera un jour l'homme, et il ne peut s'en cacher, car tout est enregistré sur sa "bande de vie" personnelle. Par conséquent, le fait de contracter une union libre dans le seul but d'avoir des relations sexuelles est également un péché et sera puni par le Supérieur en temps voulu.

Seule la peur pousse l'homme à se comporter comme l'exigent les lois et les Maîtres Célestes. Cependant, en assouvissant ses désirs, il se faufile souvent, péchant en secret, confiant que ses actions restent inaperçues de tous. Mais il n'y a rien, pas même une pensée, qui puisse être cachée aux Supérieurs.

La liberté est une sorte de test décisif, qui révèle toutes les faiblesses d'une personne, qui expose son vilain défaut. Elle détermine également le degré de dépravation des personnes : qui l'a moins prononcé, qui l'a plus. Les Supérieurs ont besoin de manifester les vices et les défauts de l'âme, afin de les corriger d'incarnation en incarnation, perfectionnant l'âme d'un ancien pécheur jusqu'à la pleine perfection. Mais ce faisant, elle passe par les épreuves de la vie et la souffrance, et ce sont elles qui lui apprennent à réfréner ses passions basses, à comprendre leurs conséquences et à éveiller la sympathie pour les autres.

Il est facile de quitter quelqu'un, mais il est difficile de se retrouver dans la même position. Celui qui part marche la tête haute, car devant lui l'attend un nouvel élu, un nouvel amour et de nombreux jours agréables et joyeux. Il ne pense pas aux sentiments de celui qui reste derrière. Mais dans la vie suivante, le Supérieur lui crée de telles situations, dans lesquelles il se retrouve abandonné et son âme comprend pleinement ce que ressent la personne abandonnée. Lui-même n'éprouve plus l'orgueil et la supériorité par rapport à l'abandonneur, mais comprend le désespoir de l'abandonné, éprouve la douleur mortelle de l'âme d'un solitaire, qui, peut-être, n'a plus rien pour vivre et qui s'avère inutile à qui que ce soit. Nous disons cela parce que tout cela est produit par les concubinages, la liberté des relations de base et l'irresponsabilité.

Ayant placé l'âme d'un pécheur sous la loi du karma dans la même situation, les Supérieurs la forcent à vivre la vie d'une ancienne victime. Et cela se répétera de vie en vie jusqu'à ce qu'un individu apprenne à respecter les sentiments et l'âme d'une autre personne ou jusqu'à ce qu'il tombe finalement dans le Système négatif, s'il continue à choisir dans les situations la direction opposée du développement - le mal. L'homme a en quelque sorte oublié que causer du tort, de la souffrance à une autre personne est un mal, pour lequel les Supérieurs le punissent par la loi karmique ou transfèrent son âme à la Hiérarchie du Diable.

Ainsi, en changeant de partenaire dans les unions libres, on se nuit d'abord à soi-même en entrant dans des dépendances karmiques ; et la joie et le bonheur de rencontrer de nouveaux partenaires se transforment en une grande tourmente dans sa prochaine vie.

Parfois, la punition commence dans la même vie. Les Supérieurs, qui prévoient que l'individu choisira la voie du péché, après deux ou trois situations de test, structurent les événements de son programme de vie de telle sorte qu'il se retrouve dans une situation (maladie, accident lourd de conséquences, prison, etc.) qui l'oblige à penser non pas à ses plaisirs, mais aux possibilités de survie. La lutte pour sa propre existence commence, et c'est ici, à travers la souffrance, qu'il faut apprendre à évaluer correctement les bonnes et les mauvaises attitudes des autres autour de soi, apprendre à valoriser la loyauté et détester la trahison.

À la suite d'une longue succession de réincarnations avec des situations similaires, on passe du statut de pécheur à celui de saint. Mais c'est un chemin de développement très dur et long, un chemin de douleur et d'angoisse.

Ainsi, la liberté de choisir ses partenaires et la liberté des relations finit par se transformer en milliers d'années de tourments et de souffrances. Comme le dit le proverbe, **ceux qui ne veulent pas apprendre des erreurs des autres apprennent de leurs propres malheurs**.

Ainsi, les concubinages sèment un lourd karma, condamnant une personne à la souffrance dans l'incarnation actuelle et les suivantes, contribuent au développement d'un certain nombre de personnalités dans un sens négatif, car ils favorisent le développement de qualités telles que l'irresponsabilité, l'égoïsme, la vindicte, la haine, etc.

Les exceptions sont les unions libres dans lesquelles le couple vit dans l'amour pour le reste de sa vie. Le seul problème avec eux, c'est qu'ils se sont réunis sans base législative. Mais la raison en est peut-être la pauvreté ordinaire ou la réticence des proches. Un tel mariage peut alors être considéré d'une manière différente - comme la force de sentiments véritables capables de surmonter les obstacles au nom de l'unité. Les raisons pour lesquelles les gens se marient font de certains des pécheurs et d'autres des héros.

Passons maintenant à l'aspect cosmique de la création des mariages. Que voulaient les Supérieurs à propos du mariage ?

En programmant des situations humaines pour créer des unions mariées, les Supérieurs ont donné un sens particulier au Mariage humain. Il n'a pas été inventé pour que les gens puissent l'utiliser pour éviter la solitude et se divertir du mieux qu'ils pouvaient. Les Maîtres Célestes y ont mis un sens différent.

Le mariage était censé servir à ce que les partenaires s'élèvent mutuellement, et donc à perfectionner les âmes, à avoir et à élever des enfants ensemble, à unir deux personnes par des objectifs communs. Un bon mariage développe dans les âmes la qualité d'unité, de cohésion, de protection et d'attention l'une envers l'autre. La famille était obligée de prendre soin des malades, des faibles et des personnes âgées jusqu'à la fin. Une famille était également censée prendre en compte les intérêts des autres membres de la famille, leurs besoins matériels et autres, etc. Tout cela éduque l'âme dans les qualités requises par Dieu.

Mais comment, disons, les unions libres affectent-elles la structure subtile d'une personne et influencent-elles les connexions avec le monde Supérieur ?

Si on parle sur le plan technique, alors une famille était formée par le Supérieur sur le plan énergétique subtil, de telle sorte que l'enveloppe physique et les énergocorps temporaires de la personne possédaient des mécanismes spéciaux contribuant au développement des capacités de l'âme ou à la liquidation des dettes karmiques. C'est pourquoi il existait, par exemple, des familles qui transmettaient des talents d'une génération à l'autre (familles de poètes, d'artistes, d'écrivains) ou des capacités énergétiques (il s'agissait de familles de voyances, de mages, de médiums). Il y avait aussi des familles qui transmettaient des penchants négatifs (familles de voleurs, d'ivrognes, de meurtriers, etc.). Tous avaient une structure physique particulière, que l'homme moderne n'a pas entièrement reconnue.

Les enveloppes matérielles étaient spécialement construites par les couples qui s'unissaient, et les Supérieurs ont essayé de préserver ce code génétique. C'est pourquoi ils (Supérieurs) ont toujours appliqué un traitement strict à la création d'une famille et, pendant longtemps, les partenaires ont été conduits l'un vers l'autre par un programme à sens unique (sans droit de choisir), et les gens étaient obligés de garder les liens du mariage jusqu'à la fin de leur vie.

Les unions libres endommagent le code génétique et l'hérédité elle-même. L'errance d'un partenaire à l'autre, les nombreuses liaisons - tout cela détruit les meilleures qualités de l'homme et conduit à l'implantation d'énergies basses et sales dans les enveloppes subtiles.

Mais la liberté révèle avec succès de très hautes qualités d'une personne. La qualité n'est-elle pas atteinte à un haut niveau si une personne, par exemple, se fait dire par tout le monde autour d'elle que voler est bien, alors qu'elle sait que c'est mal parce qu'elle écoute la voix intérieure de son âme ? Et elle, ayant développé une qualité stable dans le passé, lui dit "vous ne pouvez pas". C'est-à-dire qu'elle ne peut pas être séduite, même par une société qui autorise le péché.

Mais qu'arrive-t-il à une personne positive en présence de la liberté et du mode de propagation de l'union libre ?

Premièrement, un homme plein d'entrain ne s'aventurerait jamais dans un tel couple libre, car il a développé une qualité de responsabilité et est incapable de contourner (violer) les lois. Par conséquent, s'il offre à son épouse sa main et son cœur, c'est pour de bon. Et il sait depuis le début que, quelle que soit la tournure de leur vie, il ne la quittera jamais. (Et elle peut le quitter).

Par conséquent, une personne hautement spirituelle, guidée par ses convictions, n'aura jamais peur de légaliser le mariage. De plus, elle ne peut imaginer qu'il soit possible de créer une famille en dehors du mariage, sur une base illégitime. Ce n'est tout simplement pas dans son esprit. Une telle personne ne fait que passer par la loi. Elle n'a pas peur des difficultés et est prête à tout faire. Et les enfants d'une telle personne garderont le code génétique de la matière biologique, créée par les Supérieurs pour la cinquième race (parce que chez une telle personne tout se déroulera correctement selon le programme, c'est-à-dire qu'elle fera le bon choix dans les situations du programme).

Un concubinage est une union temporaire d'un couple. Les personnes qui y entrent ne pensent qu'à l'instant. Leur approche du mariage est frivole, irresponsable, détruisant la psychologie humaine et contribuant à la dégénérescence de l'humanité, car en choisissant la voie de la facilité, en quittant son partenaire aux premières difficultés ou engouements, en passant de l'un à l'autre, l'homme se détruit lui-même et détruit le code génétique. Les relations arbitraires entraînent la dégénérescence du code génétique, l'affaiblissant et le détruisant, car l'énergie d'une personne se mélange à celle d'une autre personne sans respecter les lois de la structure subtile prescrites d'En Haut. Biologiquement, chaque personne ne peut pas être compatible avec une autre. Par exemple, pour que les Ouzbeks ou les Japonais puissent se ressembler extérieurement, en préservant la forme extérieure individuelle de la nation, il est nécessaire qu'ils ne se mélangent biologiquement qu'avec les partenaires de leur propre nation. Si les Grecs se mélangent biologiquement avec les Chinois, il n'y aura ni les uns ni les autres, mais une nouvelle nation en termes d'apparence. La même chose se produit dans une nation avec la perturbation de ses caractéristiques de structure subtile dans le code génétique dans le cas d'accouplement de partenaires désordonné (sans discernement).

Par conséquent, si un individu change souvent de partenaire et a des enfants avec eux, il y aura un mélange involontaire d'énergies et de caractéristiques héréditaires. Il ne faut pas s'attendre à ce que ces enfants soient talentueux car les gènes qu'ils doivent combiner ne sont pas ceux qui sont requis. Pour donner naissance à un artiste, par exemple, si le père a un tel talent, la mère doit être artiste depuis au moins la cinquième génération, c'est-à-dire qu'elle doit aussi être porteuse du même gène.

Les Supérieurs regroupent les gens en tenant compte de la structure physique passée de leurs corps. C'est pourquoi la lignée, dans ce sens, était d'une grande importance. La lignée humaine n'avait pas seulement des fonctions karmiques, mais elle a toujours soutenu une construction biologique particulière de la forme matérielle de l'homme.

Et grâce au libre choix, l'artiste fusionne avec celui qui porte le gène du physicien, ou le gène du despote, ou le gène du poète. Le gène de l'artiste n'est pas renforcé, mais affaibli. Ainsi, de génération en génération, il s'affaiblira jusqu'à la dégénérescence complète du gène en question. De cette façon, les meilleurs traits héréditaires sont perdus et les médiocrités prolifèrent parmi les gens. Cependant, un rôle encore plus important est joué par la structure subtile de l'être humain et du code génétique lui-même, que l'être humain ne connaît pas encore. Et le code génétique a une structure subtile spéciale comme le corps matériel a les enveloppes.

Mais le lecteur dira : « Mais qu'en est-il de votre information selon laquelle toutes les capacités sont dans la matrice ? Qu'est-ce que cela a à voir avec le corps matériel et son code" ?

Mais pour que la qualité du talent, construite dans la cellule de la matrice de l'âme, se manifeste avec une expression de soi appropriée et corresponde à la maîtrise de la personnalité au stade de développement donné, il est nécessaire que l'enveloppe physique corresponde également à cette qualité avec sa construction spécifique.

Les corps des gens seulement dans notre vision non éclairée semblent être les mêmes en biologie et en chimie. Mais en fait, la structure et la qualité de la matière, par exemple, d'un meurtrier correspond aux qualités de son âme, et la qualité de la matière biologique de l'artiste doit correspondre, en termes de niveau de construction, à la qualité de son âme.

La matière de l'artiste doit avoir une sensibilité très délicate, une perception particulière de l'environnement, car il a une réaction au monde différente de celle d'un meurtrier ou d'un physicien. Le système nerveux, le système circulatoire, le système lymphatique, doivent être construits différemment, c'est-à-dire à un Niveau supérieur à celui d'un simple charpentier. Les réactions biochimiques, les processus physiques sont différents pour eux, les agents chimiques, les micro-éléments sont employés différemment. Il existe de nombreuses différences liées au travail du corps et à son influence sur la manifestation des qualités de l'âme. Parfois, par exemple, pour qu'une qualité ne se manifeste pas, il suffit que le corps physique ne corresponde pas à cette qualité dans sa construction et ses fonctions. Par exemple, si le corps ne fournit pas au peintre certaines impressions et sensations du monde en l'absence des processus et réactions nécessaires en son sein, il ne peindra pas.

C'est ainsi que le simple comportement quotidien d'une personne avec la création de concubinages (non-mariages) finit par impacter la biophysique de son corps, par perturber les processus de connexion avec l'âme et les réactions d'expression personnelle.

Mais la question se pose : pourquoi les Supérieurs permettent-ils la perte des propriétés de l'enveloppe physique de l'homme en autorisant les mariages libres ?

La dégénérescence du code génétique de la matière biologique est permise du fait que le corps physique de la cinquième race a épuisé son potentiel. Il a été conçu pour une âme ayant un certain énergopotentiel qu'elle devait atteindre à la fin de l'an 2000. La sixième race est sur le point de la remplacer et une enveloppe physique différente a été développée pour le nouvel être humain, conçue pour le développement des âmes vers un potentiel plus puissant, qu'elles doivent acquérir à la fin de la prochaine étape du développement de l'humanité. Ainsi, de telles expériences de perte des qualités des gènes ne sont possibles que sur la matière qui a déjà fait son temps.

Passons maintenant aux énergies subtiles impliquées dans les processus des relations familiales, qui restent hors de vue de l'individu.

Rappelez-vous que chaque famille est construite énergétiquement pour donner certains types d'énergies aux Systèmes Hiérarchiques. Un homme se voit toujours attribuer une femme choisie (selon les lois divines), et une telle famille produit la bonne quantité d'énergie pour les Systèmes Supérieurs. Lorsqu'une famille est à part entière et qu'elle compte un père et une mère, les flux d'énergie au sein de la famille fonctionnent correctement et les enveloppes subtiles de l'enfant sont entièrement construites.

Dans les concubinages (non-mariages), seul le premier partenaire (parfois le second) reçoit ceux qui conviennent au conjoint officieux en termes d'énergie, et lorsqu'il passe d'un partenaire à l'autre, l'échange normal d'énergie entre les personnes et les Systèmes hiérarchiques est perturbé. Et si les partenaires ont encore des enfants, ceux-ci ne recevront pas l'énergie du deuxième parent, et leurs constructions subtiles ne se dérouleront pas correctement. Des enfants défectueux sont créés sur le plan subtil, ce qui entraîne les perturbations énergétiques suivantes.

Tout cela montre que les concubinages causent un grand

dommage à l'humanité, conduisent à sa dégradation, à la perturbation des flux d'énergie entre la Terre et le Cosmos, ou plutôt des Systèmes hiérarchiques qui régulent ces énergoflux entre les plans physique et subtil.

Mais encore une fois, pourquoi les unions libres et concubinage sont-elles encore autorisées ?

Elles révèlent le degré de maturité des âmes, leur stabilité morale et révèlent chez une personne la dépravation qu'elle cache habituellement dans d'autres circonstances (en l'absence de libertés dans la société). Une âme haute se comportera de manière opposée à une âme basse.

Le plus bas contournera les lois, le plus haut les suivra ; le plus bas abandonnera femmes et enfants ou vice versa, tandis que le plus haut ne pourra pas le faire, même si l'un d'eux devient handicapé. Au contraire, cela augmentera l'attention qu'il leur porte.

Une telle personne se battra jusqu'au bout pour chacun de ses enfants, elle préférera rester pauvre elle-même en lui donnant tout que de les laisser sans moyens de subsistance. Un homme donnera toujours chaque centime de son argent à sa femme et ne peut imaginer une vie avec une autre femme, même si elle est beaucoup plus jeune ou plus jolie que la sienne. Il est incapable de trahir et de blesser les autres. C'est-à-dire que cet homme vit strictement selon ces lois internes, que son âme a gagné dans les vies passées, parce qu'il a perfectionné toutes les qualités de la moralité. Ce sont les qualités que toute personne positive s'efforçant d'entrer dans la hiérarchie de Dieu doit construire en elle-même au cours du processus de développement.

Tous ceux qui allaient à l'encontre des lois de la moralité commençaient à développer en eux des qualités négatives, et la liberté leur en donnait amplement l'occasion. La liberté donne également à chacun le droit de se développer dans la direction positive ou négative de son choix. Par conséquent, les personnes sujettes aux vices et aux défauts, en l'absence de toute restriction et de toute censure de la part de la société, exposent leur dépravation au maximum et continuent à la construire. En présence de la liberté, elles deviennent naturelles dans les manifestations de leurs âmes basses, de tels trous de ver sont exposés en eux qui sont parfois difficiles à révéler dans d'autres conditions de vie, c'est-à-dire que beaucoup de choses en l'homme ne peuvent pas être révélées sans mettre en action le mécanisme de la Liberté.

Et la deuxième chose que le Supérieur permet à certaines âmes dans la période des libertés est le rassemblement des énergies manquantes dans la matrice. Ces personnes changent également de partenaire, mais ce changement est généralement forcé. Ce sont généralement des âmes abandonnées. Elles ne quittent pas les partenaires, elles quittent les partenaires. Et après une certaine période de souffrance et de compréhension de ce qui s'est passé, elles trouvent à nouveau la force de continuer à vivre normalement sans succomber à leur chagrin.

Après un certain temps, le second partenaire leur est présenté et la famille est rétablie légalement. La personne compare le second partenaire avec le premier, analyse la différence de comportement, la capacité à gérer les conflits au sein de la famille, l'attitude différente envers elle-même et ses enfants. Une relation différente se construit entre les partenaires (si on la compare à celle du premier partenaire), les qualités sont perfectionnées et les matrices gagnent l'énergie qui leur manque.

Ces âmes (abandonnées par leurs partenaires ou épouses perdues après un accident ou un décès) gagnent de l'énergie pour former un certain énergopotentiel personnel qui leur permet d'accéder à un Niveau plus élevé. Bien sûr, un regard inexpérimenté ne fera pas la différence entre un débauché qui change de femme et un homme bon qui achève son énergie. Il dira : "Pourquoi c'est bien pour lui d'avoir une deuxième femme et pas pour moi ?" Mais il y a une distinction : l'un lui-même a abandonné son partenaire, l'autre se trouve abandonné par son partenaire (nous analysons cette variante). Et ils traiteront le remariage différemment.

L'un y entre par tentation, à la recherche de la satisfaction de ses désirs, tandis que l'autre est une victime, et son prochain mariage est une mesure forcée pour créer une famille normale. Le premier quitte son partenaire de son plein gré, le second se trouve être la victime et c'est là que se manifeste une énorme différence, et leurs âmes fonctionneront différemment dans des situations apparemment identiques de remariage. Ils acquièrent des qualités différentes dans la matrice, et après plusieurs incarnations, ils peuvent se retrouver à suivre des chemins opposés. Celui qui abandonne ira au Diable, mais celui qui est abandonné ira à Dieu.

Ainsi, les unions libres, si simples à première vue, se révèlent très compliquées dans leurs conséquences karmiques.

Mais la liberté dans les relations humaines ne dure pas éternellement. Elle n'est donnée par les Supérieurs que pour une certaine période de temps, et après avoir rempli ses tâches de test des âmes, elle est retirée de la vie de la société. Elle est remplacée par de nouvelles lois et règles qui lient l'âme des gens et leur imposent de nouvelles restrictions.

La liberté est sans doute nécessaire, mais elle ne doit pas corrompre la société et chacun de ses citoyens.

Les âmes basses ont besoin de liberté pour enfreindre les lois et satisfaire leurs besoins les plus bas. Les âmes élevées ont besoin de liberté pour créer, pour maximiser leurs talents. Une âme élevée en liberté fixe ses propres interdictions et restrictions, elle sait ce qui est bas et haut, ce qui est permis et ce qui ne l'est pas. Elle est sa propre juge et professeur. Et jamais l'âme élevée n'utilisera la liberté de la manière dont les âmes basses l'utilisent, c'est-à-dire à des fins basses et égoïstes. Par conséquent, la liberté montre dans les âmes élevées non pas tant les basses qualités que les hautes qualités sous-développées, et montre également la force et la vigueur des meilleures qualités de leur âme.

Ainsi, **l'âme basse utilise la liberté pour sa dégradation et l'âme haute l'utilise pour son progrès.**

Si nous parlons des mariages de la sixième race, ils conserveront la liberté de choisir un partenaire de vie, mais se développeront sous des lois strictes. Cela ressemblera aux mariages sous le socialisme, mais à un niveau plus élevé. La moralité intrinsèque aux âmes de la sixième race les empêchera de détruire leurs familles. Les gens deviendront maîtres d'eux-mêmes. Mais comme les âmes élevées pensent et agissent différemment des âmes basses, parce qu'elles ont une conscience différente, il est clair que les représentants de la sixième race considéreront le mariage très différemment de ce que nous faisons maintenant, parce qu'ils seront familiarisés avec des objectifs cosmiques plus élevés.

La sixième race sera moralement supérieure par rapport à la

véritable cinquième race, car toutes les âmes basses en seront retirées : certaines seront décodées pour leur mauvais développement, d'autres seront envoyées pour être éduquées dans les mondes inférieurs, et les meilleures âmes seront envoyées vers la sixième race, celles qui auront atteint de hautes qualités morales et autres. Ces personnes seront capables de se contrôler. Les couples commenceront à se former en fonction des niveaux, de sorte que les individus se comprendront mieux et, réalisant le but commun de la perfection, feront ensemble de leur mieux pour permettre à chaque membre de la famille dans une incarnation de pouvoir aller le plus haut possible dans le développement.

Ils seront eux-mêmes intéressés par l'accomplissement des lois, parce qu'en termes de qualité de conscience, ils seront des personnes différentes par rapport à une personne réelle qui ne fixe pas ses objectifs de vie pour le développement et les nouvelles connaissances, mais la poursuite de la satisfaction de ses désirs personnels.

La maîtrise de soi, la conscience élevée, la responsabilité, l'autocritique et d'autres qualités supérieures ne leur permettront pas de courir après la satisfaction de désirs bas, toutes leurs pensées seront dirigées vers la réalisation d'objectifs plus élevés. La nature même de leurs pensées sera différente de celle d'une personne du 20e ou du 21e siècle. Ce seront des gens avec une conscience complètement différente, donc les familles seront fortes et les gens seront vraiment aimants et fidèles les uns aux autres pour le reste de leur vie.

## LA LIBERTÉ DES PERSONNES DE DIFFÉRENTS NIVEAUX DE DÉVELOPPEMENT

La liberté pour quiconque est l'absence de pression, de contrôle, et donc la liberté d'agir et de faire des choses. La plupart des gens peuvent comprendre la liberté de la même manière, comme il est d'usage de l'interpréter à un moment donné de la société, mais en même temps, chacun y agira à sa manière, en fonction de son propre niveau de développement, c'est-à-dire le stade évolutif qu'il a atteint à ce moment-là.

Il existe de nombreux Niveaux de développement humain sur Terre. Nous ne parlerons pas de tous les Niveaux, mais nous les diviserons en trois groupes principaux et considérerons un être humain de niveau bas, moyen et haut. Il s'agit d'une division approximative. Il faut donc se rappeler que la différence entre les deux n'est pas un niveau ou une vie, mais que chaque moyenne contient plusieurs Niveaux de perfection. Cela signifie qu'une personne de Niveau moyen sera différente d'une personne de Niveau bas dans de nombreuses incarnations, l'enrichissant de connaissances, de capacités, augmentant son intellect et sa compréhension du monde qui l'entoure. De même, une personne de haut Niveau sera également très différente d'une personne de Niveau moyen.

Toutes les différences de l'homme sont en lui, dans sa matrice et ses enveloppes subtiles. Mais le contenu interne influence les différences dans son comportement, ses pensées et ses capacités, c'est-à-dire qu'il influence l'individualité de sa manifestation dans l'environnement externe, qui devient déjà perceptible pour un observateur commun. Toutes les différences dans le comportement extérieur d'une personne sont dues à une seule chose, l'inégalité du contenu intérieur de la matrice.

Il est clair que si une personne a moins d'énergie accumulée en elle au cours de ses vies antérieures, elle aura un intellect faible, un manque de capacités et de talents, et son comportement sera imprévisible, elle sera encline aux actions basses, au hooliganisme et aux outrages. Elle sera attirée par les basses énergies des atrocités parce que des énergies similaires ont été accumulées jusqu'à présent à l'intérieur de la matrice. Et il faudra beaucoup de travail de l'âme pour s'élever dans le domaine des énergies et des actions moyennes, puis dans le domaine des hautes énergies.

Les âmes élevées ont un contenu intérieur riche ; par conséquent, elles développent tout d'abord une compréhension de ce qui se passe et des personnes ; leur comportement est calme et équilibré, leurs talents peuvent se manifester de nombreuses façons, mais ils peuvent être fermés par les Enseignants Supérieurs, notamment dans le but d'améliorer d'autres qualités qui font encore défaut à leur Niveau.

Mais si les qualités parfaites peuvent être fermées, la présence des talents antérieurs peut maintenant se manifester dans leur goût supérieur. Elles ont une excellente et subtile appréciation de la musique, préférant ses genres supérieurs et nouveaux ; des peintures d'artistes, des films et autres genres d'art, capables d'être non seulement leurs connaisseurs mais aussi leurs juges. Elles ne crient jamais, ne jurent jamais et n'utilisent jamais de langage grossier, car leur haute intelligence leur permet de trouver les mots de persuasion et les arguments qui peuvent faire fuir un ennemi sans scandale. C'est-à-dire que les individus bas prouvent la vérité avec leurs poings, tandis que les individus hauts la prouvent avec leur intellect. Ceux du milieu ont un mélange de qualités basses et hautes, et de temps en temps des qualités basses et hautes peuvent apparaître.

Nous disons cela pour que l'homme comprenne la grande différence de développement qui existe entre les personnes, bien qu'extérieurement elles soient toutes semblables ; et qu'il comprenne aussi que cette différence provient de l'expérience passée qu'il a accumulée dans des incarnations précédentes. Si une âme a vécu cinq vies et une autre cent vingt, il est clair qu'il y aura des différences frappantes dans leur intellect et leurs actions.

Les contenus intérieurs des matrices de l'homme et des enveloppes subtiles ont une influence différente sur la perception du monde et des situations de vie. Chaque personne interprétera tout événement quotidien de son propre point de vue, c'est-à-dire à partir de son expérience intérieure. On ne peut pas s'attendre à ce que des personnes de différents Niveaux de développement comprennent une situation de la même manière. Et beaucoup d'enseignants, de metteurs en scène, d'écrivains terrestres se trompent en cela, exigeant d'un homme ce niveau de compréhension de l'œuvre créée par eux, qu'ils ont atteint eux-mêmes. Chaque Niveau verra dans une œuvre le sien, celui qui lui est proche.

Prenons un exemple de la manière dont, disons, une peinture d'un artiste est interprétée par ces trois Niveaux. Un individu de bas niveau ne prêtera attention qu'aux corps nus de cette image, en regardant leurs détails et en éveillant ses instincts les plus bas. Tout le reste ne sera pas perçu par lui. Il ne se rendrait même pas compte à quel point il est terrifiant d'entrer dans la zone d'une éruption volcanique. Il n'a aucune expérience de ce type et son faible intellect n'est pas encore capable de comprendre ce que l'intellect supérieur de l'artiste lui permet de comprendre. Donc, dans ce tableau, il choisit ce qui éveille ses désirs sexuels. Il fait son choix dans la cognition - il choisit l'inférieur.

L'individu de niveau moyen n'évitera certainement pas cet aspect, mais commencera à comprendre la tragédie qui se déroule déjà dans ce groupe de personnes. Il éprouvera de la pitié pour ceux qui sont tombés et ceux qui sont sans défense, il se demandera comment il se comporterait lui-même dans une telle situation, il imaginera en détail comment les bâtiments s'effondrent sous les chutes de pierres et la lave, combien toute cette confusion est terrible, et il se demandera même comment il peut être sauvé dans une situation aussi terrible. Il prendra conscience de la tragédie de toute une communauté et de son vécu.

Et un Niveau de développement élevé sera capable de comprendre la tragédie de chaque personne dépeinte par l'artiste individuellement, sera capable de voir aussi la tragédie de la destruction catastrophique de la ville, comment et dans quel ordre elle s'est déroulée, quels étaient les premiers signes avant-coureurs de la catastrophe imminente et quelles ont été ses pleines conséquences. Le haut intellect présentera le drame complet de ce qui s'est passé du début à la fin, alors que la lave recouvre toute la ville. Sa pensée va traverser les années jusqu'à l'époque où les fouilles de ces ruines ont commencé. Son intellect ne restera pas indifférent à la technique de peinture de l'artiste, aux couleurs qu'il a choisies et à la manière dont il a peint. Il s'agira d'une couverture complète de l'œuvre. Bien sûr, un bas niveau de développement n'est pas capable de cela.

Mais ce qu'il faut voir ici, c'est que chaque personne a choisi d'évaluer l'image en fonction de son niveau de développement. Les choix sont très différents les uns des autres.

Donnons maintenant un exemple simple de la façon dont des personnes de niveaux de développement différents utilisent leur temps libre différemment. Supposons qu'une personne travaille dans une usine. Après la journée de travail, elle est libre. Si elle est également libérée de ses obligations familiales, elle est pleinement libre d'utiliser son temps libre comme elle l'entend.

C'est là que l'individu a le libre choix. L'individu de niveau bas décide de passer ses heures libres à jouer à un jeu vidéo, à aller boire une bière chez un ami ou à aller en discothèque. En d'autres termes, il consacre son temps à son propre plaisir, de manière égoïste.

La personne de niveau moyen, qui a déjà le sens des responsabilités, décidera de faire quelque chose d'utile pour la famille : réparer des portes, aider à résoudre un problème pour son fils ou poursuivre son auto-éducation : lire le journal, un livre sérieux ou gribouiller.

Une personne de haut niveau n'a presque pas de temps libre, car elle se consacre entièrement aux activités sociales et au travail sur le lieu de travail. Cependant, elle doit toujours se réserver des minutes libres afin de les utiliser pour rétablir sa santé ou la maintenir en forme, car beaucoup de travail exige aussi beaucoup de bonne santé. C'est pourquoi elles (personnes de haut niveau) vont dans des institutions sportives, font de la lutte ou du ski. Mais ce sont des activités obligatoires que l'enveloppe physique exige. Si elles pouvaient supporter de travailler 24 heures, elles élimineraient le sport et le repos de leur vie.

Prenons un autre exemple. L'objectif est de voir comment les choix d'une personne changent en fonction de son niveau de perfection.

L'exemple le plus simple est le choix de sa propre voie de développement. L'étude chez une âme de niveau bas à l'école, elle comprend combien c'est difficile, décide donc de ne terminer que la huitième année et ne veut pas poursuivre ses études. Elle peut immédiatement trouver un emploi ou tenter d'acquérir une profession en s'inscrivant dans un collège ou comme apprenti. En d'autres termes, elle choisit la voie d'un simple travailleur, avec ses mains et non sa tête.

Les personnes de niveau moyen peuvent aussi commencer dans une école technique et travailler pendant un certain temps dans la profession qu'elles ont acquise. Cela ne les satisfait pas et elles vont soit améliorer leurs qualifications, soit s'inscrire dans un institut, en participant à des cours par correspondance ou à des cours du soir, et développer davantage leurs compétences.

La personne de niveau moyen va certainement essayer de mettre en valeur son intelligence et de développer ses talents personnels. Il sera intéressant pour elle d'apprendre de manière créative : à la guitare, au piano, d'essayer de dessiner elle-même des tableaux, de faire quelque chose, d'inventer quelque chose. Sur le plan créatif, elle invente et met constamment en œuvre quelque chose, jusqu'à modifier

62

l'intérieur de son appartement. C'est-à-dire que la personne de niveau moyen aura constamment les deux mains et la tête impliquées. Elle continuera à se développer tant sur le plan mental que créatif. Une telle personne fera constamment des choix dans les genres qu'elle maîtrise. Elle utilisera la liberté qui lui est donnée pour apprendre autre chose d'utile.

Quant à la personne de haut niveau, elle s'efforcera certainement de terminer un institut, et parfois un deuxième et un troisième. Les âmes élevées aiment apprendre, leur intelligence est constamment à l'affût. Elle est avide d'apprendre de nouvelles connaissances, de postes de direction, elle est capable de comprendre les problèmes économiques et techniques et les besoins de la production, les besoins humains, etc. Elles (personnes de haut niveau) apprennent pour le reste de leur vie. Leur choix est celui du développement constant, du dépassement des difficultés.

Le choix du parcours d'un travailleur dans une usine, une école technique ou un institut est une sorte de choix entre un parcours de développement bas, un parcours de développement moyen et un parcours de développement haut. L'usine et les institutions éducatives sont conçues en termes de connaissances pour diviser les gens en ces trois groupes, trois niveaux de développement. Mais lorsqu'une personne choisit où étudier, elle choisit son niveau. Il s'agit également d'un choix libre de son futur destin, qu'un être humain doit donc appréhender avec un maximum de responsabilité. Si on veut s'élever, il faut faire des efforts, travailler sur soi et on améliorera sa part par son propre travail, et sur le plan subtil on s'élèvera à un Niveau supérieur de développement.

Mais seule une personne de niveau moyen est capable d'entrer dans un institut, et une personne de bas niveau ne peut pas le faire, parce qu'elle doit sauter le niveau dans ce cas. Mais sa réserve intérieure de connaissances ne lui permettra pas de le faire. Il y a une cohérence dans le développement, et il ne peut y avoir de bonds en avant. C'est-à-dire que la liberté d'une personne de niveau moyen de choisir un lieu de travail ou un établissement d'enseignement est limitée précisément par son niveau de développement. Elle veut étudier dans un institut, mais elle ne peut pas, car tout ce qui y sera dit par les enseignants sera perçu par lui comme un discours d'étrangers, car sa matrice manque de concepts correspondants.

Mais l'homme de niveau moyen est libre de continuer sur cette voie moyenne ou de s'élever au-dessus. S'il choisit la voie de l'ouvrier, il aura une femme de niveau inférieur et les enfants ne sont pas des enfants prodiges. Mais s'il entre à l'université, il peut choisir une jeune femme d'un niveau plus élevé, plus intéressante, et les enfants ne seront plus limités, mais aspireront à quelque chose dans la vie. Le désir d'étudier peut donc changer radicalement le destin d'une personne.

Mais un tel choix légitime est fait à un jeune âge. Si une personne souhaite changer de conjoint plus tard dans sa vie, alors ce sera un choix différent : un choix qui met à l'épreuve les qualités que nous avons mentionnées ci-dessus.

Ou prenez la liberté de choix qu'une personne peut produire dans une situation donnée. Supposons qu'un passant voit des hooligans attaquer un homme âgé, lui réclamer de l'argent et le frapper. Ce passant s'enfuira en faisant semblant de ne pas s'en apercevoir, et n'en parlera à personne. Il a un sens de la peur très développé, l'instinct d'auto-préservation mais il manque toujours de sens de la compassion. Par conséquent, il n'y a rien d'autre à attendre de lui. Son niveau de développement et ses qualités déterminent sa véritable ligne de son comportement.

La personne de niveau moyen se défendra ou appellera à l'aide. Elle ne peut pas rester indifférente, car son expérience passée lui a déjà appris que le fait d'être battu est mauvais, qu'il y a danger de mort et que les conséquences sont terribles pour la famille de cette personne. Elle est capable de compassion et de voir les conséquences de ces situations tragiques, elle essaiera donc d'y faire face par tous les moyens. Elle comprend que le mal incontrôlé signifie plus de victimes, elle s'intéressera donc à l'arrestation des brutes.

Et il faut dire qu'une personne de niveau élevé ne se mettra pas dans une telle situation. Les Enseignants Supérieurs pensent que leur disciple, qui a atteint un niveau élevé, a déjà reçu suffisamment d'expérience pour résoudre des situations similaires et d'autres situations problématiques, et qu'ils n'inscriront donc pas d'événements faibles similaires dans son programme de vie.

Une telle personne sera impliquée dans la résolution des situations conflictuelles d'autres personnes, assise au bureau de sa chambre ou dans une salle publique. Il ou elle tentera d'éliminer un conflit militaire ou de gérer les explosions de colère populaire qui se traduisent par des manifestations de protestation. Une telle personne est capable d'influencer le changement dans des situations impliquant de grands groupes de personnes.

Ce même groupe de hautes personnalités comprend des individus négatifs qui se développent dans une direction négative. Alors que les personnalités positives éliminent les conflits, les personnalités négatives provoquent des conflits entre les nations, elles montent certaines nations contre d'autres et créent des causes et incitent à l'inimitié et à la haine dans ce but. L'essentiel pour les conflits est de créer une cause et de l'exposer à la discussion dans les médias, ce que leur intelligence et leur niveau de développement leur permettent.

Un autre groupe de personnes hautement évoluées doit être mentionné. Il s'agit d'individus hautement spirituels développant des connaissances ésotériques, cosmiques, religieuses et une créativité élevée qui ont atteint la perfection. Ces derniers comprennent des compositeurs, des chefs d'orchestre, des artistes, des écrivains-philosophes, de grands scientifiques, des inventeurs et bien d'autres. Ils se développent dans d'autres situations et comme s'ils étaient isolés des plus bas. Mais quel est leur mérite ? Pourquoi sont-ils créés comme des conditions artificielles pour le développement de la créativité ou de toute recherche ?

Leurs âmes passaient continuellement de vie en vie, usant de leur liberté pour choisir une direction spirituelle de développement, pour le perfectionnement suprême de l'âme et pour perfectionner leur talent. Elles ont fait le bon choix. Par conséquent, les Maîtres Célestes ne les ont pas inclus dans les programmes de vie des situations basses. Elles ont grandi, alors maintenant elles vivent dans un monde différent de celui de l'homme bas. Mais la raison de cela, nous le soulignons, est leur choix de la direction spirituelle du développement.

Ainsi, les inférieurs utilisent leur liberté de choix généralement pour satisfaire leurs désirs et leurs intérêts vils, tandis que les supérieurs l'utilisent pour leur propre développement ou pour continuer à travailler pour la société, pour toute l'humanité. Ceux du milieu peuvent dévier d'un côté ou de l'autre.

## LA LIBERTÉ DES ENSEIGNANTS SUPÉRIEURS

Par "supérieures", nous entendons les Personnalités qui se trouvent dans le monde subtil, plus précisément dans la hiérarchie de Dieu. Existe-t-il une liberté pour les Supérieurs et comment l'utilisent-ils ?

La hiérarchie de Dieu comporte cent niveaux de développement, cent plans d'existence. Les trois premiers niveaux de cette hiérarchie concernent le monde terrestre, et les gens sont directement guidés par les Enseignants Célestes ou Déterminants, qui appartiennent au premier Niveau, initial, de la hiérarchie.

Ils guident une personne dans sa vie, surveillent son programme, s'occupent de son éducation, lui fournissent de l'énergie et bien d'autres choses encore. Mais ils vivent dans un monde subtil, dans leurs propres situations, qui ne ressemblent pas aux situations humaines. Ils sont unisexes, ils n'ont pas de famille, pas d'enfants comme eux ; ils ne cultivent pas de légumes dans les champs, ils n'ont pas d'animaux ou d'oiseaux dans leur monde. C'est une existence complètement différente de celle des êtres humains. Par conséquent, ils n'ont pas besoin des libertés dont les humains ont besoin, comme la liberté de parole (ils communiquent par télépathie, ou plutôt de manière impulsive).

Mais ils ont la liberté d'être créatifs, de choisir leurs activités, ou, selon nos termes, leur orientation professionnelle ; de choisir les connaissances qu'ils veulent acquérir et communiquer.

Ils n'ont pas de temps libre à perdre, ils travaillent tout le temps. Et "tout le temps" doit être compris en termes de Terre, pas seulement comme 12 heures par jour, mais toutes les 24 heures. Ils n'ont pas d'alternance entre le jour et la nuit, le temps s'écoule différemment que sur la Terre, à une vitesse différente. Ils sont éternels et même leurs processus et actions ne sont pas arrimés en fonction du temps, mais en fonction d'autres indicateurs.

Mais comme une partie des Célestes au service de notre planète est directement liée à la gestion des personnes, cette partie doit tenir compte du temps terrestre et diviser ses activités en deux parties. Dans l'une, ils travaillent avec l'homme et le monde terrestre, et dans l'autre, ils travaillent pour eux-mêmes et des êtres semblables.

L'Enseignant Céleste, ou nouvellement - le Déterminant, est en fait attaché à son disciple terrestre à tout moment. Par conséquent, afin d'avoir du temps libre, qu'il pourrait utiliser pour son développement personnel, le Supérieur a donc inventé le sommeil chez l'homme. Pendant que les "enfants" dorment, les "parents" travaillent pour eux-mêmes. Ils doivent également se procurer certains moyens d'existence, c'est-à-dire des énergies. À cette fin, ils effectuent certains travaux liés à l'homme et à son monde.

Ils doivent maîtriser de nouvelles techniques subtiles, les inventer pour leur monde et pour le monde terrestre. Après tout, toutes les inventions sont d'abord créées au "Ciel" par les Supérieurs Créateurs, puis envoyées aux gens. En fait, les Substances Supérieures vivent dans deux mondes, de sorte que leur charge de travail augmente considérablement par rapport aux humains. Ils ont besoin de la technologie dans leur monde pour communiquer avec les différents systèmes du cosmos, pour travailler dans d'autres univers, pour faire descendre les âmes des gens et les recevoir après leur mort. Ils ont des technologies plus subtiles que les humains sur Terre, et elles nécessitent une maintenance. Mais la plupart du temps, la technologie est située approximativement au milieu de la hiérarchie de Dieu, au-dessus des mondes qui sont construits de telle manière qu'ils n'en ont plus besoin.

Les mondes plus proches des mondes physiques ont beaucoup de techniques subtiles qui sont utilisées principalement pour travailler avec ces mondes, car il faut traverser non seulement des barrières temporelles et matérielles, mais aussi des charges et des surcharges énergétiques lors de la communication.

Nous avons ainsi décrit en termes assez généraux leur manière d'être, afin d'avoir une idée du domaine dans lequel Ils pourraient avoir la liberté de choix.

Nous savons que les Supérieurs sont calculateurs, qu'ils créent d'autres mondes et les arrangent, leur champ d'activité est donc très vaste.

À cet égard, en tant que créateurs, Ils peuvent exercer un libre choix dans la création de mondes, de galaxies, d'univers, d'étoiles et de planètes. Ils créent des hologrammes de systèmes planétaires, contrôlent la distribution des énergies à travers les univers, etc. Mais pour ce qui est d'une créativité plus compréhensible, nous devons retourner sur le plan terrestre, dans nos vies.

Par exemple, la mode bien connue est la création originale des Maîtres Célestes. Ils ont inventé ce procédé dans le but d'y faire participer le plus grand nombre de jeunes âmes. La mode était censée les faire réfléchir, choisir le meilleur, était censée leur apprendre la créativité terrestre.

Toutes les modes qui traversent sans cesse nos vies en matière d'habillement, de musique, d'architecture et autres sont dictées par les Enseignants Célestes. Ils les développent d'abord pour l'homme lui-même, puis les envoient sous forme d'idées aux personnes les mieux préparées à les accepter, les comprendre et les mettre en œuvre sous forme terrestre. Les scientifiques, les inventeurs, les écrivains, les poètes, etc. - tous ne créent pas entièrement par eux-mêmes, mais ils sont aidés en cela par leurs Enseignants Célestes.

De nombreuses personnes, et même des scientifiques, se sont rendus compte qu'il y a des moments où les informations leur parviennent si bien qu'ils n'ont pas le temps de les écrire. Parfois, la tête est vide et aucune idée ne vient à l'esprit, quelle que soit l'intensité de la réflexion sur le problème ou la tâche. C'est-à-dire que si ce problème ou cette tâche n'a pas encore été résolu d'En Haut, ou si le Supérieur souhaite qu'une personne le résolve, alors la solution ne vient pas à la tête de l'homme comme une impulsion fulgurante, comme un éclair. Et ils réalisent ces impulsions comme une indication d'En Haut. Il n'y a donc rien de surprenant ou d'irréel à cela depuis longtemps. Nous disons cela pour faire comprendre à l'homme la sphère d'activité des Personnalités Supérieures et leur complicité dans la création de l'homme. Par conséquent, l'homme, dans sa création personnelle, co-crée toujours avec les Maîtres Célestes.

Puisque la Personnalité Supérieure travaille dans Son propre monde, Elle a le droit de choisir l'activité qu'elle veut exercer : prendre un élève sur le plan terrestre et se consacrer à son éducation ou inventer une technologie subtile pour l'humanité ou pour Son propre monde. Il est clair que la technologie des terriens sera qualitativement différente de celle de leur monde : la première sera créée à partir de la matière brute, la seconde - à partir de la matière subtile. Par exemple, les ordinateurs ont d'abord été inventés pour le monde subtil et y ont été répandus pour le travail des Déterminants et d'autres Substances des mondes Supérieurs, et plus tard cette invention a été descendue chez les Terriens. (Ne parlons des activités des Supérieurs que de ceux qui s'occupent de la Terre).

La profession de l'Enseignant Céleste est sélective. La Substance peut devenir éducatrice si elle le souhaite, et ce sera son choix de profession. Mais elle peut aussi choisir n'importe quelle autre profession dans son monde. Elle peut s'engager dans le développement de la musique pour l'humanité (composer de la musique). Elle peut se consacrer aux problèmes économiques, à la répartition des fonds entre les membres des Communautés Supérieures, elle peut s'attarder sur les problèmes énergétiques - s'occuper de l'accumulation et de la distribution des énergies dans son monde ou dans le nôtre. Elle peut éventuellement choisir de travailler avec une autre planète de notre univers.

Leur monde contient davantage toutes sortes de connaissances et, par conséquent, chaque Substance Supérieure choisit à sa propre discrétion les connaissances qui l'intéressent le plus. Cela aussi, c'est la liberté.

Elles ont également la liberté de choisir leurs objectifs. Et en choisissant un objectif, elles choisissent aussi de communiquer, car dans leur monde, certains objectifs unissent certaines Substances, d'autres en unissent d'autres Substances. Des personnes s'unissent dans un but précis pour accomplir un travail commun.

Les Supérieurs ne passent pas leur temps libre à se procurer des plaisirs personnels ; ils se consacrent entièrement à la progression dans leur monde. Ils possèdent des qualités très développées telles que la maîtrise de soi, la conscience, l'autocritique, l'autodétermination, la responsabilité et d'autres qualités supérieures, qui ne leur permettent pas de choisir quelque chose d'inférieur pour eux-mêmes.

Mais étant donné que, par exemple, le Déterminant est lié à l'homme, et que l'homme a tendance à faire des choix vers la dégradation, il manque ainsi à son Maître. Le Maître Céleste est interconnecté avec le disciple de telle manière que son progrès dépend du progrès du disciple : le disciple progresse - le progrès du Maître ; le disciple se dégrade - la dégradation du Maître. Souvent, les mauvais choix d'une personne ont un mauvais effet sur son Maître.

Si nous parlons de la liberté de choix d'un disciple particulier par le Maître Céleste, cela n'existe pas. Le Déterminant choisit uniquement une profession, c'est-à-dire qu'il décide d'être Enseignant/Maître. Et après avoir fait ce choix, les dirigeants qui se tiennent au-dessus de lui sélectionnent pour lui, selon certains indicateurs, cette âme de la future personne, avec laquelle il doit lui-même développer les qualités nécessaires à ce monde Supérieur. Ainsi, le Déterminant obtient un élève strictement, sans faire de choix, en fonction des objectifs de son propre développement.

Au fur et à mesure que les Substances progressent dans les Niveaux de la hiérarchie de Dieu, elles deviennent de plus en plus libres dans leur créativité et dans le choix de leurs sphères d'activité, car davantage de volumes de la matrice doivent être remplis. Et cela implique l'acquisition de nouvelles qualités qui sont sélectives pour l'être. Mais elles ont toujours des limites de développement à l'intérieur de leur propre Niveau, elles ne peuvent pas "sauter" un Niveau ou deux sans une séquence de développement, en souhaitant acquérir des qualités supérieures. La progressivité du développement est aussi leur limite. C'est-à-dire que les Substances sont libres, mais dans certaines limites. Au deuxième Niveau, Elles peuvent acquérir plus de qualités qu'au premier, et au troisième niveau, elles peuvent acquérir plus de qualités qu'au deuxième. Au fur et à mesure qu'elles s'élèvent, le nombre de qualités qu'elles acquièrent augmente.

Les Supérieurs contrôlent toujours leur propre comportement. Ils ne se permettent pas de faire quelque chose de bas, car cela devient contre nature pour eux. De même qu'une personnalité positive n'est pas capable de tuer simplement une autre personne, parce qu'elle comprend le sens de tout cela, de même les Supérieurs comprennent l'essence de toutes les choses inférieures et les conséquences qui en découlent.

Il est nécessaire de noter que même pour les Personnalités Supérieures négatives de la hiérarchie du Diable, toute bassesse est répugnante, comme, par exemple, le sexe ou la gloutonnerie. Si Elles se développent dans le Système de Calcul ou de programmation, une telle bassesse leur causera déjà de la répulsion, parce qu'Elles sont passées par de tels processus depuis longtemps, les cellules de la matrice sont remplies de ces énergies. Et si la qualité a déjà été entièrement construite, la Personnalité disposera d'un mécanisme d'interdiction de poursuivre les actions contribuant à remplir les cellules de ces énergies.

C'est-à-dire qu'Elles ne veulent pas le faire, non pas parce qu'Elles sont devenues conscientes, mais parce que leurs cellules n'ont plus besoin de ces énergies et que d'autres mécanismes s'activent en eux, qui les font détester et les orientent vers d'autres processus, qui construisent leurs matrices sur des énergies nouvelles, plus élevées. De même, une personne affamée dévore avidement la nourriture tant que son estomac est vide, mais lorsqu'il est plein, la personne ne veut plus regarder la nourriture.

Une chose similaire se produit lorsque les cellules de la matrice de l'âme sont remplies. Sa conception a un régulateur de remplissage et de limitation des désirs et des aspirations d'un individu, qui exprime son passage automatique d'un désir à un autre. Ceci est présent dans les matrices des humains et des Substances Supérieures des premiers Niveaux des hiérarchies de Dieu et du Diable.

Avec ce remplissage des cellules, même si la Personnalité est autorisée à faire quoi que ce soit, elle ne pourra plus choisir les choses basses, car elles la repousseront au vu du remplissage des cellules. Et ce qui n'est plus requis par le corps est rejeté par celui-ci. C'est pourquoi toutes les énergies basses vont provoquer une réaction d'aversion chez les individus élevés. Et ils choisiront non pas les basses, mais les hautes, qui contiennent ces énergies que leur matrice ne contient pas encore. Et plus le Niveau de développement de la Personnalité est élevé, plus elle est adaptée à l'accumulation de hautes énergies en commettant certaines actions supérieures. Pour cette raison, les Substances Supérieures choisissent généralement entre une action supérieure et l'autre, ce qui se manifeste dans l'orientation qualitative de leur développement.

Mais si nous comparons la liberté de l'homme et celle de la Personnalité Supérieure, la Substance a toujours de plus grands pouvoirs et sa liberté sera toujours plus grande que celle d'un terrien. L'homme n'est libre qu'au sein de sa société, le monde. S'il s'agit d'un dirigeant, il est libre de prendre des décisions concernant les guerres et les revendications territoriales sur les terres d'autres personnes. Il est donc libre d'assujettir une autre nation, de détruire une ville, de détruire de nombreuses vies.

Mais il n'est libre de le faire que jusqu'à un certain point. Sa limite est le programme. Il restreint sa liberté d'action sur Terre parmi les hommes. Les limiteurs sont aussi des organisations universelles, par exemple, comme l'ONU (Organisation des Nations Unies), mises au service de la protection des différents peuples et de la limitation des appétits de chefs d'État trop arrogants et sûrs d'eux.

Quant aux Supérieurs qui prennent soin de notre Terre, ils ne sont pas libres dans leurs actions, car ils comprennent que tout se développe selon le programme, ils connaissent les objectifs finaux du développement et ils comprennent que l'interférence dans les actions de quelqu'un n'est pas seulement une violation de la liberté de développement de quelqu'un, mais une violation des processus cosmiques universels.

Les Grecs anciens avaient un proverbe : "Ce qui est permis à Jupiter n'est pas permis au taureau", c'est-à-dire que ce qui est permis au Supérieur n'est pas permis à l'Inférieur. Ils pensaient que les Supérieurs pouvaient punir et encourager à leur guise, mais en réalité, ce n'était pas le cas. Sans aucun doute, les Supérieurs sont capables de beaucoup de choses, ils sont puissants, mais en raison de leur conscience supérieure, ils ne font jamais rien qui perturbe les autres êtres et mène à la destruction. Ils respectent strictement les Lois de l'Univers telles que "la loi de la non-intervention, la loi de l'existence, la loi de la liberté de choix, la loi du développement de la personnalité".

Les Supérieurs font tout selon les lois. Par conséquent, ils encouragent et punissent l'homme en fonction de son programme de vie, en fonction de son destin. Dans le domaine des sanctions, ils sont limités par les mesures qui visent à éduquer une personne et qu'ils peuvent parfois utiliser en plus du programme venant d'eux-mêmes. Mais cela réside déjà dans le "statut" de leurs actions possibles afin de mettre le disciple sur le bon chemin.

Mais, en parlant de la liberté des Supérieurs, nous devons nous rappeler qu'ils sont libres de se déplacer dans notre univers et dans les autres univers de Dieu, mais à leur Niveau. L'homme n'est pas capable de se déplacer librement, même vers Saturne ou Mars, sans parler de voyager dans notre univers. Il n'a pas assez de connaissances et un certain niveau de développement pour cela.

Mais l'essentiel est que plus on donne de libertés aux Supérieurs, moins ils les utilisent. La raison de ce paradoxe réside dans leur haute conscience, leur énorme volume de connaissances, leur compréhension de ce qui se passe dans leur monde et dans les autres mondes, et le fait qu'ils voient les conséquences de leurs actions.

## LA LIBERTÉ DES SANS-ABRIS

Il convient également de dire quelques mots sur la liberté des sans-abri. La plupart d'entre eux sont des personnes qui sont entrées en conflit avec leur environnement immédiat. Ils ne veulent obéir à personne, ni remplir aucune obligation envers la société. Ils ont une forte fierté et le désir d'être libres. C'est la catégorie des oisifs, des fainéants qui veulent vivre aux dépens d'autrui. Il s'agit d'une catégorie de fainéants qui veulent vivre aux dépens des autres, et qui deviennent des ivrognes, des drogués, des criminels qui finissent en prison et perdent leur maison et leur emploi.

La plupart d'entre eux ne veulent pas reprendre le chemin d'une relation légalisée avec la société. Ils aiment le sentiment de liberté totale, d'être incontrôlés. Ils se considèrent comme indépendants. Mais le sont-ils ?

Cependant, en étant séparés de la société civilisée, ils ne peuvent pas rester complètement isolés de celle-ci et ne peuvent pas être seuls. Ils trouvent donc leur propre espèce et occupent ensemble les débouchés de la civilisation, qui leur fournissent un moyen de subsistance. Ils développent un cercle de connaissances comme eux. Une communauté inférieure est regroupée. Mais pour vivre ensemble ou simplement avoir des contacts les uns avec les autres, ils doivent développer une certaine ligne de comportement les uns envers les autres.

Si, par exemple, un sans-abri trouve de la nourriture et ne la partage pas avec les autres personnes à proximité, la nourriture lui sera retirée. Et comme il serait contre un tel lynchage, une bagarre s'ensuivrait. C'est donc une règle illégale entre eux que de partager ce qu'ils trouvent avec ceux dont ils font partie. Tous les lieux d'enfouissement et les poubelles sont répartis entre eux. Certains sans-abris n'ont pas le droit d'entrer dans les zones de "revenus" d'autres sans-abri. De même, dans de nombreux autres domaines où leurs intérêts communs se recoupent, certaines normes de comportement entrent en jeu.

Par conséquent, les sans-abris établissent des règles et des lois non écrites pour leurs interactions, dont la violation devient punissable par eux-mêmes. Les sans-abris sont zélés pour défendre la vérité et la prouvent toujours par la gronde et les poings. Ce sont tous des combattants pour la vérité, pour la justice, et c'est pourquoi beaucoup d'entre eux se promènent avec des bleus et des visages cassés.

Aucun d'entre eux n'a le droit d'aller à l'encontre des règles de conduite établies entre eux ; enfreindre leurs lois non écrites devient dangereux pour leur vie. Ils sont eux-mêmes à la fois juges et exécuteurs des peines. Ainsi, s'étant écartés des lois d'une société supérieure, ils tombent sous les lois d'une société inférieure, une société de clochards. Leur liberté se fond en une douce illusion. Ils continuent maintenant à dépendre d'autres circonstances et sont soumis à des règles encore plus brutales. Et c'est un schéma auquel personne n'échappe.

**Une personne qui échappe à une loi tombe sous le coup d'une autre.** Il ne veut pas obéir aux lois humaines et commence à se soumettre aux lois impitoyables et dures des classes inférieures de la société.

Les communautés humaines ne peuvent exister sans un certain système de relations, car toutes les relations entre les personnes doivent être ordonnées et systématisées. C'est inhérent à la nature de toute existence. Ainsi, par exemple, même les animaux vivent selon certaines lois et ont certaines relations entre eux. Ils marquent leurs territoires, entrent dans des relations conjugales d'une certaine manière, ils ont aussi leurs propres rituels de parade nuptiale, Ils élèvent leurs petits selon certaines règles, etc.

Mais qui invente ces règles, ces rituels et ces manières pour les oiseaux, les animaux et les poissons ? Ils n'inventent pas ces lois eux-mêmes, et elles ne sont pas créées spontanément ou par la volonté de Mère Nature.

Tout ceci est guidé par les Substances Supérieures qui vivent dans le monde subtil et prennent soin de notre planète. Elles proposent un style de comportement pour chaque type d'animal, d'oiseau, de poisson, d'insecte, mais elles ne viennent pas dans le but de le rendre intéressant ou beau comme la vie, mais dans le but de créer des situations à travers lesquelles il serait possible de réglementer la reproduction de leur nombre et détruire ceux qui ne rentrent pas dans ce système. **La sélection naturelle s'avère ne pas être naturelle, mais développée artificiellement par les Créateurs Supérieurs de notre nature.**

En regardant encore plus profondément l'essence de ce qui se passe, il faut dire que toutes les situations d'être expriment certains processus technologiques et physiques, des réactions d'interactions qui fonctionnent avec une gamme spécifique d'énergies et produisent les énergies requises par le Supérieur. La finalité supérieure est organisée en processus physiques, qui échappent à l'attention de l'homme. Il n'observe que leur côté extérieur, qui se manifeste par la forme d'être de différentes sortes d'êtres vivants. Et quel est le résultat de cet être, il ne le voit pas. Et le résultat, ce sont les énergies, c'est l'échange entre le monde subtil et le monde terrestre.

Mais tout : le style de comportement, les situations dans lesquelles toute créature (poisson, oiseau, homme, etc.) est impliquée, est inscrit dans les programmes de chacune d'elles, de sorte que le modèle de comportement est initialement programmé par les Programmeurs Supérieurs Célestes. Mais le plus important est que dans tout cela se cachent des processus énergétiques de production et de transformation de certains types d'énergies en d'autres énergies. Tous les êtres vivants participent aux processus communs de notre monde et, lorsqu'ils s'éloignent de certains processus - les processus créatifs -, ils tombent dans les processus de destruction. Les formes de vie sont créées spécifiquement pour leur participation à des processus spécifiques du monde, et sont donc construites pour travailler avec des types d'énergies spécifiques.

Ainsi, toutes les lois de la société humaine sont également créées et descendues d'En Haut, inscrites dans les programmes de chaque individu et de la société dans son ensemble, et l'homme est obligé d'y obéir.

Le système de normes et de règles d'interaction humaine est construit de telle sorte que tous ceux qui ne souhaitent pas participer aux processus de progression sont écartés de l'évolution et tombent sous les lois de la régression, qui les détruisent complètement en tant que personnalités. Ils n'ont pas encore atteint le Dernier Jugement, mais ils commencent déjà à se détériorer rapidement.

Comment cette poursuite de la liberté se termine-t-elle à la fin ?

Sans tenir compte des autres et ne voulant pas participer aux processus naturels généraux de la société, une personne devient inutile à quiconque et, en termes de processus mondiaux, il se transforme en un sale déchet de cette société. Une personne est jetée sur le tas d'ordures, elle perd tout, retourne à une existence animale, il y a une dégradation complète de la personnalité.

La consommation constante d'alcool continue à détruire les structures subtiles d'une personne, les enveloppes énergétiques sont remplies d'énergies sales, et tout alcool détruit les qualités mêmes de la matrice de l'âme d'une personne. Pour boire, ils perdent des appartements, des familles, des personnes aimantes, l'humanité des autres. Tout ce qui était bon en eux est rapidement détruit, les bonnes qualités s'évanouissent, car elles n'ont pas encore acquis un caractère stable (lisez notre livre "la Personnalité et l'Éternité" de la série "Au-delà de l'inconnu"), seules subsistent dans la matrice les qualités qui ont reçu la complétude dans leur développement. Ces qualités s'avèrent être principalement des instincts que l'âme a acquis au cours de son existence animale passée : cruauté, agressivité, absence de dégoût (car les animaux sont habitués à la saleté) et promiscuité (débauche) dans les relations sexuelles.

Il y a, bien sûr, des sans-abris qui se retrouvent parmi eux par accident ou par des circonstances tragiques, mais ils essaient de rester dans les limites des normes humaines et de faire de leur mieux pour sortir du fond dans lequel ils sont tombés.

L'ivresse, les drogues détruisent d'abord toutes les qualités instables et avec elles la personnalité. C'est pourquoi les sans-abris sont déjà complètement différents des personnes qu'elles étaient avant de commencer leur vie libre.

Ainsi, la lutte pour la liberté et l'indépendance chez certains individus se termine par la destruction du moi en tant qu'individu et un décodage complet après la mort.

# LA LIBERTÉ ET LA NÉCESSITÉ

 Revenons encore une fois à la liberté individuelle dans une société civilisée. Une personne solitaire a une petite quantité de relations et une quantité limitée d'obligations. À première vue, Elle semble complètement libre - vit où et comme elle veut. Mais dans ce cas, elle se trouve dans la dépendance des circonstances. Si un tel solitaire libre a un logement, il doit le payer. Les divers services publics qui entretiennent la maison exigeront la leur (paiement) sur une base légale. Le locataire est libre et ne travaille pas. Mais d'autres travaillent pour lui, s'assurant qu'il a le gaz, la lumière, l'eau, le chauffage. Et s'il ne paie pas, on lui demandera de quitter son appartement. La **nécessité** l'oblige à travailler. En outre, il a besoin de manger, de se rhabiller. Tous ces besoins forment la **Nécessité**, à laquelle il doit se soumettre. Il est libre, mais les conditions de vie annulent sa liberté totale et la rendent partielle.

Comme le disait Lénine, "On ne peut pas vivre dans la société et en être libre". Par conséquent, si un individu vit dans une ville, c'est-à-dire dans la société, il reste lié à celle-ci par de nombreux liens invisibles, et ces liens exigent de lui certaines compensations, comme dans l'exemple de l'appartement. Cela signifie que si une personne veut vivre en société, elle doit en tenir compte. Si elle ne le fait pas, la société la jettera dehors, d'où le sans-abri.

Une personne ne peut pas être complètement libre, même dans la forêt. Si elle décide de s'y installer, elle sera obligée de se construire un abri primitif, c'est-à-dire qu'elle devra travailler dur, oubliant pour un temps sa liberté. Elle est libre de la société, mais pas des circonstances, et celles-ci (les circonstances) la font travailler pour elle-même, pour sa vie. La nécessité l'oblige à travailler, à inventer quelque chose, à faire quelque chose.

Une fois que le refuge sera prêt, elle ne sera pas complètement libre, mais son prochain besoin sera de se procurer de la nourriture. À la recherche de nourriture, elle devra rôder dans la forêt, cueillir des baies, des champignons et des racines, et elle devra chasser la viande. En hiver, elle devra se chauffer avec un feu, ramasser du bois et des brindilles. La seule liberté dont elle dispose est celle de se déplacer et l'absence de patrons qui la poussent à respecter les délais.

L'homme ne sera pas non plus libre dans le désert. Il sera encore plus difficile pour lui d'y maintenir son existence. Par conséquent, dans l'ermitage, une personne est libre de la société, mais pas libre des circonstances. Elle constitue une nécessité. Et tant que l'homme vit, la Nécessité lui est fermement liée. C'est-à-dire que l'état accompagne la vie d'une personne en permanence et en fait partie intégrante. **La nécessité travaille à prolonger la vie, à lui fournir le minimum nécessaire.**

## LA LIBERTÉ DES EXTRATERRESTRES

La liberté détruit certains individus, tandis qu'elle en élève d'autres à un niveau supérieur en les aidant à développer leurs qualités et leurs talents commerciaux. **Les inférieurs utilisent la liberté pour leur chute (dégradation), les supérieurs pour leur ascension encore plus haut.**

Les extraterrestres appartiennent à une catégorie d'êtres supérieurs, les humains étant en dessous d'eux sur le plan de l'évolution. La preuve en est que ce n'est pas nous qui venons à eux, mais eux qui viennent à nous. Et nous ne sommes même pas encore capables d'atteindre Jupiter, sans parler d'une planète dans une quelconque constellation de notre univers. Le plus souvent, les extraterrestres en visite disent que les êtres humains ne connaissent pas les planètes d'où ils viennent. Et cela montre que même notre technologie n'est pas capable de considérer le point de l'univers d'où ils viennent.

Un tel éloignement ne fait que confirmer la puissance de leur civilisation et le haut degré d'intelligence qu'ils ont atteint.

Des contacts avec quelques extraterrestres nous ont fait comprendre que leur niveau spirituel est des centaines de fois supérieur à celui des humains. Leur capacité à acquérir des concepts nouveaux et surtout étrangers est époustouflante. Si une personne passe plusieurs jours à lire un livre épais, en assimilant lentement les concepts qui lui sont destinés, quelques secondes suffisent parfois pour qu'un extraterrestre lise les informations.

Nous ne les comprenons pas, ils nous comprennent : ils entrent en contact avec les humains par télépathie. Le fait qu'une personne les comprenne n'est ni son mérite ni son don latent. C'est la capacité de leur haute intelligence à lire la substance de la matrice des notions de l'homme. C'est-à-dire qu'ils travaillent avec les notions de l'homme, mais pas avec ses mots, bien que lorsqu'il faille transmettre un concept nécessaire à un homme, ils se tournent vers sa matrice de mots. C'est pourquoi ils peuvent communiquer avec les Anglais, les Japonais et les Russes tout aussi librement sans apprendre aucune langue humaine.

Comme nous le savons grâce aux contacts avec les Maîtres Célestes, les êtres humains n'apprendront à se comprendre télépathiquement qu'à la fin de la sixième race, si le développement de l'humanité se déroule bien. C'est-à-dire que pour acquérir un tel bien, il devra se développer pendant deux mille ans de plus.

Nous citons ces faits comme preuve de leur développement supérieur afin que l'homme puisse se rendre compte que les êtres supérieurs ont une attitude différente de l'homme vis-à-vis de la liberté.

Aucun d'entre eux ne court après la liberté comme le font les humains. Le rêve d'une liberté totale est loin dans le passé pour eux, car plus la créature est élevée en termes de développement, plus elle réalise à quel point chacune d'entre elles est étroitement lié aux autres et à l'ensemble de la création.

Le Niveau élevé de développement indique, comme nous l'avons considéré plus haut, que les extraterrestres ont une grande responsabilité, une grande conscience et une autre compréhension du monde qui les entoure, de sorte que leurs concepts de l'univers et de l'univers entier (création) ne correspondent pas aux concepts humains. L'homme a accumulé de nombreuses idées fausses sur le monde et seul son propre développement l'aidera à s'en débarrasser.

Les extraterrestres connaissent bien les lois cosmiques : la loi de la liberté de choix, la loi de la non-intervention, la loi de l'intervention, la loi du non-dommage, la loi de de l'aide mutuelle et autres. (Voir notre livre "Les Lois de l'Univers ou la base de l'existence de la hiérarchie Divine").

Nous vous rappelons ces lois pour qu'il soit clair qu'elles nous lient de la même manière que les extraterrestres. Mais l'homme les viole à presque chaque étape en raison de la bassesse de sa conscience, alors que les extraterrestres ne les violent pas en raison de leur conscience élevée. L'homme se sent pour l'instant libre d'enfreindre les lois susmentionnées, tandis que les extraterrestres ne peuvent plus se sentir libres comme tels, car leur conscience ne leur permet pas de les enfreindre. Tous les extraterrestres adhèrent aux lois de l'Univers, où que leur travail les mène.

En raison de leur intelligence et de leurs connaissances supérieures, ils auraient pu détruire notre Terre il y a longtemps s'ils l'avaient voulu. Et au cas où ils voudraient l'utiliser à leurs propres fins, ils pourraient facilement la libérer de l'humanité en la détruisant avec quelques bacilles et épidémies. Ils pouvaient également réduire les humains en esclavage s'ils décidaient de les utiliser à leurs fins. Mais ils ne le font pas, conformément à la "loi de non-intervention".

Les extraterrestres viennent des profondeurs de l'univers, et certains de plus loin, et observent l'humanité qui se faufile avec ses intérêts égoïstes dans la matière, mais ils n'interviennent pas dans sa vie, comprenant que ces êtres passent par leur stade de développement ici et qu'ils n'ont pas le droit de les déranger (intervenir).

Mais lorsqu'un fou tente de détruire par son agressivité des millions de ses semblables dans des guerres ou que, par incompréhension des processus, il menace la vie de la planète elle-même par la pollution de l'environnement, ils se mêlent de sa vie. Ici déjà, ils utilisent une autre loi de l'Univers, la "loi de l'intervention". Ils limitent les guerres et contrôlent les grandes opérations militaires. Ainsi, par exemple, dès la bataille de Stalingrad et la bataille de Koursk, certains militaires ont observé des machines volantes non identifiées au-dessus des champs de bataille. Elles ont également été vues dans de nombreux autres endroits. La Seconde Guerre mondiale a été supervisée et contrôlée par des vaisseaux extraterrestres. Si la Russie devait gagner, alors elle a gagné. Et comment cela se présentait sur le plan subtil et sur le plan physique sous le contrôle des extraterrestres, l'humanité doit encore le comprendre.

Les OVNIs contrôlent les actions de l'homme, son comportement irrationnel. Sodome et Gomorrhe en est un exemple parfait, c'est leur "œuvre". Ce sont eux qui ont détruit ces villes, imprégnées de débauche, avec leurs armes matérielles. Ce sont eux qui, avec leur énergie, ont scié le continent où existait l'Atlantide et l'ont envoyé sous les eaux. Mais tout cela n'était pas dû à leurs désirs personnels, mais à la décision de Dieu et de ses assistants les plus proches. Lorsque des mauvaises herbes mélangées à de faibles pousses de culture semée poussent dans le champ à la place de la culture semée, les gens labourent le champ, éradiquant le défaut, et sèment de nouvelles graines.

De même, les Substances Supérieures détruisent les communautés humaines lorsque le nombre d'âmes défectueuses dépasse la limite admissible. Si la destruction est à une échelle locale, alors Dieu envoie des extraterrestres sous contrat avec leurs armes puissantes, et ils détruisent ces zones, les nettoyant des mauvaises herbes de l'homme. Il y a des interventions dans le développement en cours ici. Les extraterrestres aident Dieu et les Supérieurs à se débarrasser des mauvaises herbes du plan humain, mais veillent également à ce que les guerres ne dépassent pas les situations holographiques prévues par le plan de développement de l'humanité à un moment donné.

Dans le livre "les Mystères des Mondes Supérieurs", nous avons écrit que Dieu conclut certains contrats avec des systèmes matériels, en vertu desquels les extraterrestres effectuent un travail spécifique sur la Terre. Les Systèmes spirituels ne peuvent pas directement reconstruire la planète de cette manière, faire les changements nécessaires, par conséquent, un tel travail est fourni aux Systèmes matériels, qui envoient des vaisseaux extraterrestres sur notre planète, et ils effectuent le travail pour les Supérieurs, liés aux systèmes spirituels de notre Dieu. C'est pourquoi les observations d'ovnis sont aujourd'hui particulièrement nombreuses dans diverses régions du monde. Ils atterrissent dans les champs, plongent dans le sol et sous l'eau dans les océans et les mers. Ils sont vus au-dessus des forêts et des montagnes par des millions de personnes. Ainsi, seul un esprit superficiel peut nier leur réalité. Il ne reste plus à l'homme qu'à comprendre correctement pourquoi ils viennent et ce qu'ils font.

Puisque les vaisseaux extraterrestres viennent sur Terre dans le cadre de contrats de travail avec Dieu, leur liberté d'action sur notre planète est hors de question. Leur liberté correspond à celle d'une personne qui est invitée à rendre visite à quelqu'un dans un appartement. Une personne digne de ce nom ne pourra y voyager que dans les limites strictes de la décence. Il en va de même pour les extraterrestres. Ils font tout sur la base des normes de comportement cosmiques qui ont été établies pour ces visites. La seule liberté qu'ils se permettent parfois est d'interagir directement avec les êtres humains, de rencontrer une créature d'un autre monde par curiosité. Mais ils essaient de ne pas la nuire. Et s'ils autorisent quelqu'un à faire un tour avec leur véhicule, ils le remettent toujours à sa place.

Parfois, ils effectuent des expériences sur des êtres humains, mais cela se fait également avec le consentement d'En Haut. Habituellement, les extraterrestres étudient les changements qui se sont produits dans la matière biologique de la cinquième race, afin d'utiliser certaines observations ou qualités de la matière étudiée pour leurs développements futurs. Après tout, l'homme, sa forme matérielle, a été créé par des extraterrestres matériels à la demande de Dieu, ils l'ont amené sur la Terre. Voici l'arche de Noé pour vous. C'est pourquoi ils ont le droit d'enquêter sur ce qui a été créé par eux. Ils ne sont pas seulement curieux, ils étudient les changements dans la matière biologique. Mais tout est fait légalement. En outre, les personnes faisant l'objet de recherches sont amenées à eux par des indicateurs karmiques.

Bien sûr, il y a eu des cas d'extraterrestres maltraitant des êtres humains et des animaux. Mais ce sont des cas isolés. Ces extraterrestres appartiennent aux Systèmes négatifs du cosmos, c'est-à-dire que nous pouvons dire qu'ils viennent de la hiérarchie du Diable. Ils ont une attitude différente envers les êtres d'un niveau de développement inférieur.

De la même manière qu'une personne négative donne un coup de pied à un chien qui se met en travers de son chemin sans lui montrer aucun respect, elle n'a aucun respect pour le terrien en tant qu'être inférieur à elle, et peut se permettre d'être cruelle avec quelques-uns. Mais le plus souvent, ils ont eux aussi des rencontres exploratoires avec les êtres humains, et ils reçoivent eux aussi la permission d'En Haut pour ces rencontres. Et les individus observés (expériences) sont choisis comme des victimes pour évacuer leur karma.

S'ils violent les lois de non-intervention dans la vie d'autrui, alors ils seront punis. Mais de telles violations ne peuvent être commises que par des extraterrestres négatifs de bas niveau, les extraterrestres de haut niveau ne tolérant pas de tels outrages.

Ainsi, la liberté des extraterrestres sur les planètes étrangères est limitée par les lois de développement en vigueur sur cette planète. Dans leurs mondes, ils respectent eux aussi strictement les lois de l'Univers (création). La liberté ne leur sert qu'à choisir leur orientation et à créer. Et bien qu'ils volent très loin, ils n'ont pas de vols gratuits pour le plaisir de marcher. Tous leurs vols sont effectués à des fins de recherche, expérimentales ou de travail, lorsqu'ils construisent quelque chose à un endroit de l'univers ou à un autre. Il y a tant de travail à faire, car l'univers matériel tout entier doit être reconstruit pour répondre aux nouvelles exigences du temps et de l'évolution.

L'homme, quant à lui, aime utiliser sa liberté de mouvement à des fins purement personnelles et, le plus souvent, pour le plaisir. Il adore monter à cheval. Mais en cela, il se montre comme un petit enfant. Il a le droit de le faire, alors que les extraterrestres n'ont pas droit à un tel plaisir, leur conscience et les lois de l'Univers ne le leur permettent pas.

Comme les Supérieurs du Système Spirituel, ils utilisent la liberté dans la créativité, dans la création de nouvelles technologies, de nouveaux mondes, la création de la matière physique elle-même, les objets physiques de l'univers. Ainsi, dans de nombreux domaines, l'homme est encore plus libre que les extraterrestres.

Par exemple, il peut leur envoyer une balle, mais pas eux. Ils ont seulement le droit de se défendre. L'homme a la liberté d'aimer et d'entrer en relation avec les autres, ce qu'ils n'ont souvent pas non plus, car les relations y sont complètement différentes. Et le fait d'avoir une haute moralité les empêche de faire des erreurs dans le choix de leurs partenaires. **Plus un individu est haut placé, plus il est respectueux des lois**. Par conséquent, plus on lui donne de libertés, moins il les utilise. Tout est orienté vers le développement de soi et de sa société.

Larisa Kartavtseva

## LA LIBERTÉ

L'homme est totalement libre de faire ce qu'il veut,
Veut avoir moins d'obligations.
Eh bien, si nous prenons l'autre côté :
L'homme n'est qu'un esclave des circonstances.
Seulement en pensée, peut-être en acte
Et ressent de la force, pas de la faiblesse,
Et puis il descend dans l'abîme et sa vie est...
et la vie est un échec total !
Et il oubliera sa joie passée.
Et les prières commenceront : "Oh, Dieu ! Sauve-moi !"
Nous nous souviendrons de tous ceux que nous connaissons.
Il en a toujours été ainsi avec le peuple de la grande Russie :
Quand le malheur arrive, on se souvient des Dieux !

## CONNAÎTRE LE CHEMIN VERS DES OBJECTIFS PLUS ÉLEVÉS

Essayer de prolonger la courte durée de vie,
Nous nous inquiétons jusqu'à en être stressés,
Mais les désirs de l'homme sont si bas
Qu'il n'y a pas une once de progrès dans l'âme.

Comment se développer de la bonne manière ?
Nous devons savoir comment atteindre des objectifs plus élevés.
Ce n'est qu'ensemble que nous pourrons sauver le monde,

Et le Tout-Puissant nous en sera reconnaissant.

## VOICI LES POINTS FORTS

Il y en a des Supérieurs - aucun doute là-dessus !
Leur main guide le doigt du Destin.
Sur un million, peut-être par chance,
Tu es le chanceux dans la foule.

Et peut-être un malheureux
Le doigt pointera et prononcera votre verdict.
Et tu penseras : "Ah, malheureux destin !
"Comment elle a amené sa hache sur sa tête !"

## L'OPPORTUNITÉ DE VOIR

L'homme fait des erreurs,
Toujours à pécher, à pécher et à pécher
Car ses fondations sont trop fragiles,
Et il a oublié le chemin de la droiture.

Mais ce n'est pas une créature aveugle,
Dieu vous donne une chance de voir :
Il y a maintenant les Lois de l'Univers,
Et par eux, nous devons savoir comment vivre.

-   -   -

Les poèmes ont été écrits par la poétesse Larissa
Kartavtseva à partir de son livre Le doigt du destin.

## Chapitre 3

## LA CRÉATIVITÉ ET LA LIBERTÉ

La liberté fait ressortir les défauts d'une personne, mais elle contribue également à faire ressortir ses capacités, à les renforcer et à les améliorer plus rapidement qu'en l'absence de liberté.

**La magie de la perfection de l'âme** humaine est que l'on peut développer toutes les capacités en soi, devenir un super-homme si seulement on le veut. Il faut y ajouter ses propres efforts, car les cellules des qualités de la matrice de l'âme sont construites sur la base du travail et de la persévérance d'une personne. Sur leur base, et avec l'aide des Enseignants Supérieurs, un être humain bas devient un Haut, un étudiant devient un Enseignant, et un être humain sans talent devient surhumain.

Le processus de perfectionnement lui-même est une magie miraculeuse capable de remplir une matrice vide de milliers de talents et de capacités de toutes sortes. Et cette magie est au pouvoir de toute âme qui s'efforce de suivre le chemin de l'évolution.

La liberté accélère le processus de perfectionnement et favorise le développement des multiples facettes de l'individu. Chaque individu est libre de choisir ce qui lui convient le mieux dans son développement.

Lorsque la liberté dans la société est minimale et que toutes les actions de l'homme sont soumises aux lois de l'ordre existant (esclavagiste, capitaliste, socialiste), l'individu est contraint de se soumettre au mode d'existence que cet ordre lui dicte. L'essentiel pour l'individu devient le travail pour la société et la production de moyens matériels de subsistance pour celle-ci. L'individu est entièrement impliqué dans le cycle des relations professionnelles, sociales et familiales, ce qui ne lui laisse pratiquement aucun temps libre pour poursuivre sa créativité.

Les Supérieurs ne permettent qu'à un petit nombre de personnes de s'engager dans la créativité comme activité principale de leur vie, subvenant à leurs besoins matériels. Il y a très peu de gens qui font de l'art comme profession, la plupart du temps ils doivent combiner leur travail professionnel avec le désir de créer quelque chose de beau.

Cette préférence de travail est faite parce qu'il est plus important pour l'homme à ce stade de développement de maîtriser l'interaction avec la société à travers ces processus communs qui sont fondamentaux dans la production d'énergies cosmiques pour les Systèmes hiérarchiques (ou, comme nous le disons en termes simplifiés, pour le Cosmos). Il est plus important pour l'homme d'apprendre à comprendre la vie réelle, la vie quotidienne et les relations professionnelles, d'apprendre à comprendre les gens et leurs besoins, leurs désirs et leurs tendances, afin que plus tard il puisse construire les liens solides de la civilisation unie, qui travaille pour le but commun des Supérieurs d'une manière amicale, intégrale, plutôt que fragmentée.

La créativité ne peut pas le faire pleinement à ce stade du développement, car elle éloigne l'homme de la réalité pour l'emmener dans le monde de ses fantasmes et de ses illusions, où l'homme construit lui-même les connexions comme il le souhaite, et non comme elles devraient l'être en fonction de l'évolution. L'homme crée encore pour son propre plaisir et celui des autres, mais pas pour le but du Cosmos. Et les Supérieurs ne créent que ce qui est utile ou nécessaire aux autres et s'inscrit dans le développement de l'ensemble du cosmos selon certaines lois. Par conséquent, l'âme immature, qui n'a pas atteint la perfection en quoi que ce soit, ne peut pas avoir la créativité comme principal passe-temps dans la vie.

Elle doit maîtriser le style de comportement et les concepts d'une personne, car son âme peut provenir d'une forme animale, d'un monde parallèle ou même d'une autre planète. Pour une telle âme, il est très important de connaître la vie des êtres dans le monde duquel elle se trouve en ce moment. Il lui est nécessaire, tout d'abord, d'apprendre de nouveaux concepts, d'enrichir les connaissances existantes, d'apprendre à entrer en contact avec des personnes de caractères différents et dans des situations différentes.

La maîtrise des aspects quotidiens, sociaux et professionnels de la vie est d'une importance primordiale pour chaque âme, tandis que la créativité est une question secondaire. C'est pourquoi il ne faut pas faire passer la créativité avant les intérêts de sa famille ou le travail dans une entreprise. C'est pourquoi, pour 80 % de l'humanité, elle constitue un mode de développement secondaire.

Pour que l'homme, pendant son temps libre, lorsqu'il n'est pas occupé à ses tâches principales, ne se laisse pas aller à la vanité et à la dégradation, on lui donne la possibilité de créer quelque chose de son propre gré et de se perfectionner dans la direction qu'il désire le plus. Cependant, l'être humain est davantage occupé par la vie professionnelle et la vie quotidienne, et il lui reste très peu de temps pour son occupation favorite.

Une personne se construit une qualité petit à petit, de vie en vie dans des conditions exiguës : un sculpteur, un inventeur, un designer, un musicien, etc. Mais lorsque la liberté est envoyée à la société par le Haut, les âmes créatives en profitent pour développer leur talent. Elles peuvent déjà faire abstraction de leur travail principal (et la société ne les condamnera ni ne les persécutera pour cela) et se consacrer uniquement à leur travail préféré, en s'y concentrant pleinement. Par conséquent, elles font un bond en avant dans le développement de cette qualité et sont capables de la porter à la perfection. En d'autres termes, la liberté pour ces personnes orientées vers un but accélère le développement de leurs capacités et de leurs talents.

Mais quel est le but de la créativité en premier lieu, à part éviter à l'homme de faire de mauvaises choses ?

La créativité est ce qui le sépare de l'animal, il ne sait pas comment créer quelque chose de beau de sa propre volonté.

Si une araignée tisse une belle toile, tandis que les abeilles créent des nids d'abeilles aux multiples facettes, cela ne se fait pas sur la base de leur créativité personnelle, mais sur la base de la création du Créateur Supérieur qui a créé le style de ce comportement et l'a mis dans le programme de l'araignée ou de l'abeille. Par conséquent, les insectes, les oiseaux font quelque chose de matériel sous l'influence du programme qui leur est investi.

Mais l'homme a déjà acquis le droit à la créativité indépendante, c'est-à-dire qu'il est capable de créer quelque chose d'abord mentalement et apprend ensuite à mettre sa pensée dans la matière. C'est en cela que réside la grande intention de Dieu : transformer l'âme de l'ancien animal d'abord en homme, puis en être Supérieur, lui apprendre à penser et à mettre la pensée en chair, même si elle n'est pas encore spiritualisée.

La créativité apprend aux gens à penser par eux-mêmes. Il semble à l'homme qu'il est totalement libre de penser ce qu'il veut, il peut inventer n'importe quel type de création : une peinture, un vêtement, la forme d'un bâtiment ou d'un avion, un livre ou une ville entière. Mais voyons si c'est vrai. On a toujours pensé que la créativité de l'esprit n'est limitée à rien, que son champ d'action est vaste et que personne d'autre ne peut intervenir dans les pensées de chacun. Et c'est vrai, mais tant que l'on n'est pas lié à quelqu'un d'autre par un lien ou une obligation matérielle.

Sa pensée ne peut travailler librement dans tous les domaines qui l'intéressent que s'il n'a pas l'intention de tirer de l'argent grâce à son travail, c'est-à-dire tant qu'il n'a pas l'intention d'entrer dans des relations économiques avec la société. Dès qu'il décide de rentabiliser son travail de création, sa liberté de penser prend fin, et la société ou un client individuel commence à lui imposer sa mode et ses pensées et à lui dicter ses thèmes.

Ainsi, la liberté devient dans de tels cas une dépendance directe de l'environnement d'une personne et de ses clients, elle devient limitée et au goût de l'acheteur. En préparant une œuvre pour la vente, le maître devra se demander si son œuvre sera achetée ou non. Par conséquent, en se pliant aux goûts bas de la foule, il est souvent contraint de créer une œuvre en dessous du niveau de ce dont il est capable lorsqu'il la crée librement. Par exemple, l'écrivain écrit des histoires policières sordides au lieu de produire des œuvres hautement artistiques. Pour des raisons financières, il produit un livre avec une intrigue primitive après l'autre. Il aurait pu créer quelque chose de plus sérieux et de plus profond.

Il existe de nombreux pièges dans la créativité qui affectent la liberté de créer. Ce n'est que par l'ignorance qu'une personne peut penser que dans son esprit, elle est libre de tout et de tous, et qu'elle peut donc créer ce qu'elle veut. La liberté totale n'est qu'apparente\* (*Qui n'est pas telle qu'elle paraît être ; qui n'est qu'une apparence. Note de traduction*). En réalité, une personne ne peut créer que dans les sphères qui lui sont données par les Enseignants Supérieurs. Elle peut composer des poèmes, mouler des plats en argile, dessiner, broder, fabriquer de beaux meubles, inventer, etc. Mais toutes ces directives ont été données à l'origine par les Enseignants Supérieurs en tenant compte du Niveau de développement de l'homme.

Mais l'homme n'est pas capable de créer des mondes, de créer une plante vivante ou un nouveau type d'animal à partir d'énergies subtiles, comme l'a fait Dieu. Il n'est pas capable de créer le temps et l'espace, les planètes et les étoiles, car cette créativité appartient au plus haut (Supérieur) niveau de développement, qu'il doit atteindre. C'est-à-dire que chaque Niveau, chaque monde a ses propres types de créativité. Mais elle (la créativité) contribue également au développement de la pensée humaine et des Personnalités supérieures dans les mondes Supérieurs.

Dieu accorde une importance particulière à la créativité, car elle contribue davantage au développement de l'individu dans une direction positive. Par conséquent, Dieu dote chaque âme qui se développe sous Sa direction d'un programme créatif séparé, qui existe parallèlement au programme de la vie quotidienne de l'homme. Ainsi, chaque individu, qui souhaite se perfectionner positivement, a la possibilité d'utiliser en plus ce programme et de gagner une énergie positive supplémentaire dans sa matrice en plus du programme principal.

Une personne qui a emprunté la voie négative et est tombée sous l'emprise du Diable n'est pas créative et ne dispose pas d'un tel programme. C'est pourquoi, par exemple, de nombreux politiciens négatifs ne savent même pas chanter. La créativité leur est totalement étrangère (inconnu). Si les gens du Diable créent quelque chose, ce n'est pas par des processus créatifs, mais par des processus de calcul. Leur psychoformation fonctionne sur un autre mode et le Diable lui-même s'en charge.

Quant à l'individu positif, il apprend un type de créativité après l'autre, et sa pensée fonctionne de manière abstraite, et la construction de l'enveloppe mentale est différente de celle de l'individu négatif.

Si une personne positive dispose d'un programme pour développer sa créativité, elle ne peut l'utiliser que pendant son temps libre, en dehors de son emploi principal. En général, elle s'accorde quelques minutes pour apprendre à faire de la création. C'est là qu'intervient la première dépendance, à savoir la non-liberté du temps.

L'homme est pris dans la vie quotidienne ; la famille, les enfants le privent aussi en partie de la liberté de créativité, même dans le meilleur des systèmes qu'il connaît. Tout cela limite son épanouissement créatif, de sorte que l'ensemble des qualités d'un futur artiste ou poète avance extrêmement lentement. Pablo Picasso a dit : "Il m'a fallu toute une vie pour apprendre à peindre comme un enfant." Il faut donc plusieurs incarnations pour atteindre la perfection dans une capacité et devenir un professionnel.

Il existe de nombreuses dépendances de ce type chez l'homme : la liberté de créativité est limitée par la situation financière. Par exemple, s'il est pauvre, il lui est difficile d'acheter des peintures coûteuses pour peindre ou de payer cher des cours de piano. Il se trouve souvent limité par des conditions de logement qui ne lui permettent pas de loger et de ranger ses créativités, si bien que nombre d'entre elles doivent être détruites pour faire place à de nouvelles.

D'autres personnes qui réussissent dans ce genre peuvent limiter sa créativité, ses œuvres seront artificiellement exclues des expositions, elle ne sera pas acceptée dans l'Union des artistes, écrivains, inventeurs, etc. En d'autres termes, tant que la perfection n'est pas atteinte, sa liberté de création est limitée par la société elle-même. En effet, elle ne sait pas comment tirer le meilleur parti des talents d'une personne au profit de son environnement. Et cela l'amène à féliciter les uns et à empêcher la promotion sociale des autres.

C'est pourquoi tant de personnes talentueuses ne reçoivent aucune reconnaissance ou soutien de la société et créent dans le désert de leur petite chambre uniquement pour elles-mêmes et les quelques personnes qui les comprennent et sont capables d'encourager le maître au moins d'un mot. Cependant, les Supérieurs apprécient ces talents méconnus, qui travaillent dur sur leurs créations, plus que ceux qui se réjouissent de la gloire.

La créativité d'un être humain recèle bien des mystères. Il n'a jamais su à quoi cela servait, croyant que ce n'était qu'un chemin vers la gloire. Mais il s'avère que la créativité développe la pensée et développe des qualités particulières chez la matrice : l'intuition, l'amour, la bonté et la patience, elle empêche les jeunes âmes de tomber dans le hooliganisme et la satisfaction de bas désirs. C'est pourquoi il est si important d'orienter autant de jeunes âmes que possible sur la voie de la créativité, de leur apprendre à trouver des minutes libres pour leur propre création, de surmonter toutes sortes de fardeaux de la vie en étant guéri par l'immersion dans la créativité.

Les difficultés familiales et sociales sont autant de dépendances bien comprises par l'homme, car il les rencontre tous les jours et est capable de les repérer avec sa conscience comme un obstacle et de les surmonter. Mais il existe encore des dépendances sur le plan subtil de la part de l'enseignant supérieur, dont on est conscient, mais dont on comprend mal Son rôle dans l'apprentissage de la créativité.

Le Maître Céleste, qui guide l'élève dans la vie, contrôle non seulement les situations de sa vie, mais aussi son développement créatif et l'aide souvent. S'il y a un fort désir d'apprendre quelque chose, une personne peut l'apprendre par elle-même en écoutant sa voix intérieure, c'est-à-dire les impulsions que l'Enseignant Supérieur lui envoie d'En Haut.

De nombreuses personnes étudient seules, dans l'intimité de leur chambre. Cependant, elles sont sensibles aux impulsions des désirs personnels et aux impulsions de pensée qui naissent dans leur tête. En se déconnectant du monde extérieur, en s'isolant de toutes les choses extérieures et en se concentrant sur son propre travail, une personne commence à capter magnifiquement, par télépathie, les messages de son Maître Céleste. Il ne les envoie que sous deux formes : sous la forme d'un fort désir de faire exactement ceci et cela, et sous la forme de pensées, d'idées. L'être humain les accepte comme si elles étaient les siennes, car il n'a pas encore appris à séparer ses pensées des autres pensées qui lui sont extérieures. Mais il ne reste plus beaucoup de temps pour cela. Nos connaissances l'aideront à maîtriser cette science.

Parfois, par exemple, un artiste se met au lit avec un problème, ne sachant pas comment amener son œuvre à la fin souhaitée ou avec quel motif pour terminer un ornement, quelle tourelle pour compléter la façade d'un bâtiment ennuyeux. Il se couche, tourmenté par les affres de la recherche, et se réveille le matin en sachant exactement ce dont il a besoin et à quoi doit ressembler son œuvre inachevée. Il décide que son cerveau a choisi la bonne solution pendant qu'il dormait. Le Maître Céleste a résolu le problème pour lui et a mis Sa solution dans sa tête en tant que connaissance.

De même, toute personne créative, qu'il s'agisse d'un scientifique, d'un écrivain ou d'un inventeur, remarque que parfois les pensées affluent dans son cerveau les unes après les autres, et que parfois l'esprit est aussi vide qu'un désert. Et la raison en est l'interaction du disciple avec le Maître Céleste. Lorsque ce dernier est occupé, il n'y a pas non plus d'écriture ou de composition pour le disciple. Et lorsque le Maître Céleste lui donne les informations nécessaires, elles coulent alors en un flux si continu que le disciple n'a même pas le temps de les écrire. Cette prise d'une telle différence est le fait même que l'on perçoit déjà leurs propres interactions avec le monde subtil et directement avec leur Enseignant.

L'information provenant de l'Enseignant arrive de différentes manières, comme nous venons de le remarquer : elle arrive sous forme de flux continu ou seulement sous forme d'idées, elle peut arriver sous forme de schémas mentaux. On la travaillera donc différemment : dans le premier cas, on comprendra l'information prête et on la développera ; dans le second cas, on déchiffrera l'idée elle-même. La créativité est ici plus importante, car elle peut être déchiffrée de différentes manières, ou plus précisément, de différentes manières de la présenter aux gens : le sujet peut être divulgué plus ou moins largement, plus ou moins précisément. Tout dépend du degré de connaissance du sujet de la personne à qui l'idée est envoyée.

Le Maître Céleste dit souvent à son élève ce qu'il peut créer, quelle invention présenter à l'humanité, quelle intrigue inventer pour un film, arrêtant son attention sur quelque chose de spécifique dans la vie. Il donne une idée d'En Haut à son disciple et le disciple la développe ensuite.

Les Enseignants Célestes contrôlent la créativité de leurs disciples dont ils ont la charge. Ils ne forcent pas une personne à créer quelque chose, mais ils l'attirent avec l'idée de quelque chose de nouveau, allument l'inspiration, mais une personne a toujours une dépendance très importante envers Eux. Et jusqu'à ce que l'homme ait terminé son travail, le Maître surveillera le processus, et en cas d'arrêt, lui proposera quelque chose de nouveau, poussant le travail vers son achèvement. Il y a aussi des Enseignants qui n'aiment pas beaucoup les incitations, estimant que l'élève lui-même doit chercher et trouver ce qui l'avance davantage. Ces élèves ont rarement des idées.

En analysant une telle relation entre le Maître et le disciple, on peut conclure qu'il n'y a pas de liberté totale dans les pensées des gens et, par conséquent, dans la créativité. À tout moment, les Supérieurs sont capables d'imposer au disciple sa pensée ou son idée, que ce dernier prend pour sienne. Et c'est une dépendance qui existe sur le plan subtil. Il y a une autre conclusion malheureuse à tirer ici.

Toutes les grandes réalisations, inventions et découvertes n'ont pas été faites par l'homme lui-même, mais en collaboration avec son Maître Céleste. Cependant, avant de faire une découverte, il est nécessaire de se développer dans ce sens jusqu'à un certain niveau afin de pouvoir comprendre l'idée qui est venue et de pouvoir également la déchiffrer correctement. Le travail sur soi reste donc nécessaire et aucune découverte ne peut se faire sans lui.

Quel est l'intérêt d'envoyer, par exemple, l'idée d'un vaisseau spatial à un élève de première année qui ne peut pas encore comprendre comment se déplace un vélo à deux roues ? Cependant, lorsque l'enfant a suivi un certain développement : école, institut et quelques années consacrées aux inventions, c'est-à-dire qu'il se développera avec persistance dans une direction, en acquérant les connaissances nécessaires, l'idée peut lui être envoyée d'En Haut, en considérant que le niveau de ses connaissances et de sa formation correspond au niveau de cette invention technique.

Ainsi, les œuvres brillantes correspondent pleinement au niveau de développement de leurs créateurs sur Terre et ne sont pas données à des personnes non préparées. Et cela montre un autre fait : toutes les créations géniales, leur quantité dépendent des Enseignants Supérieurs.

Cela peut sembler être une absurdité pour beaucoup, mais c'est vrai. Toutes les grandes œuvres sont d'abord créées dans le Ciel, puis descendent sur la Terre. Elles ne descendent pas seulement pour le plaisir et la gloire de l'artiste, mais ont un autre but, éducatif. Une belle œuvre doit inspirer d'autres créateurs à une création tout aussi belle, à imiter, doit éveiller chez les jeunes âmes une soif de création.

Ainsi, en fin de compte, la liberté de créativité se développe en la capacité télépathique d'une personne à capter les pensées de son Maître Céleste. Il donne un indice, le disciple doit l'accepter, le comprendre et ensuite développer l'idée en quelque chose de grandiose ou de moins substantiel. Ici déjà, tout dépendra du degré de perfection et d'assiduité de l'élève. Ainsi, un autre manque de liberté dans la créativité apparaît - un manque de liberté par rapport au plan Supérieur. Si la pensée chez une personne est vide et que l'Enseignant n'envoie rien vers le bas, alors le disciple ne peut rien créer, mais ne fera que broyer l'ancien, ou comme on dit, verser le vide dans le vide.

Une autre limite de la créativité doit être mentionnée - il s'agit de la capacité de l'être humain. Le Niveau de sa perfection est toujours limité par le degré de son développement général. Prenons l'exemple d'un peintre. Peu importe la qualité, voire le talent, des portraits qu'il peint, vous verrez toujours qu'il s'agit d'une image plate d'une personne, et non de la réalité vivante.

Mais les hologrammes permettent de faire plus - de créer un portrait en 3D, très similaire à une personne vivante, mais, cependant, ils ne donnent pas non plus l'illusion totale qu'il s'agit d'un original vivant. Et seuls les Supérieurs sont capables de créer un hologramme mobile d'une personne, que les gens prennent pour un véritable original. Cet hologramme peut même parler, c'est une copie complète de la personne, mais pas la personne elle-même.

Ce genre de créativité appartient au niveau le plus élevé. Les capacités humaines restent toutefois limitées à cet égard pour l'instant. C'est-à-dire que tous les êtres vivants ont une liberté limitée au plan même de l'existence. Mais lorsque leur âme passe à un niveau supérieur, les horizons de leurs possibilités créatives s'élargissent devant eux.

Donc, si nous parlons de liberté dans la créativité, alors il y a beaucoup de toutes sortes de limites.

## LA LIBERTÉ DU TRAVAIL

 Une personne peut être aussi peu libre dans son domaine d'activité que dans son lieu de résidence. Un individu peu instruit a une plus grande capacité à passer librement d'une profession à une autre qu'une personne instruite ayant une profession particulière. Un individu non éduqué est libre de choisir une profession ou l'autre. Aujourd'hui, il est charpentier, demain maçon, le jour suivant ouvrier. S'il obtient un emploi dans une entreprise, qu'il ne l'aime pas ou qu'il n'est pas assez payé, il est libre d'aller dans une autre entreprise. Au cours de sa vie, il peut changer des dizaines de professions, car il est libre de les choisir.

En revanche, lorsqu'une personne choisit un emploi et se rend directement dans l'entreprise, sur son lieu de travail, elle est totalement privée de liberté. On lui confie des tâches et elle est obligée de les exécuter. La violation du régime de travail est punissable. Les travailleurs ne sont pas autorisés à créer quoi que ce soit par eux-mêmes, ils doivent obtenir l'approbation de la hiérarchie pour toute mesure, innovation ou invention qu'ils introduisent. Le travail effectué est soumis à un contrôle strict, car il doit répondre à des paramètres et à une qualité spécifique. Si un élément de ces chiffres ne répond pas aux exigences du professionnalisme, il sera obligé d'être refait.

Si un travailleur change plusieurs professions au cours de sa vie, il développe plusieurs qualités différentes. Si un travailleur reste toute sa vie dans la même entreprise, il s'améliore dans une spécialité, mais atteint la plus grande compétence dans celle-ci. Et pour ceux qui ont changé de métier, toutes les qualités seront au stade de développement initial, et il faudra une autre vie ou quelques-unes pour les amener à un certain niveau de maîtrise également.

Une personne qui choisit l'enseignement supérieur s'engage déjà à se développer dans une certaine mesure. Médecins, pilotes, technologues, designers, économistes, etc. - ils sont tous obligés de travailler dans le même domaine. Si les choses ne vont pas bien au travail, ils peuvent aller dans une autre organisation, mais ils continueront à travailler dans le même domaine. C'est-à-dire qu'ils sont libres de changer le même type d'entreprise, mais leur spécialité restera la même, ils perfectionneront la même qualité. À cet égard, le degré de liberté d'une personne ayant suivi un enseignement supérieur diminue, mais sa qualification augmente. La profession acquise se construit qualitativement par niveaux de développement et n'atteint la perfection qu'après plusieurs incarnations.

Prenons, par exemple, les architectes de l'Antiquité qui ont construit des bâtiments uniques. À côté de la masse générale des analphabètes, ils avaient tous l'air de génies dans leur profession. Ou prenons nos architectes contemporains qui créent des gratte-ciels grandioses, des complexes industriels et de magnifiques bâtiments administratifs. Ils ont tous perfectionné leur art de construire des bâtiments et des structures pendant de nombreuses vies antérieures.

Mais ce sont les Supérieurs qui les ont forcés à se développer dans la même direction. Les Supérieurs ont déterminé le type de spécialistes dont la civilisation donnée avait besoin à telle ou telle époque, et ont choisi le nombre requis d'âmes ayant les qualités nécessaires. Ils les ont " développées ", les forçant à se perfectionner dans cette qualité de vie en vie. A cette fin, des programmes spéciaux ont été élaborés, on pourrait dire, rigides, car une personne n'avait pas le droit de choisir une spécialité. Dans les programmes, toutes les situations étaient construites de telle sorte qu'une personne ne pouvait aller directement que dans cette direction. Toutefois, avant cela, la personne a reçu une impulsion sur la base de laquelle elle a soudainement voulu acquérir la profession nécessaire. Puis elle a été conduite au bon institut, et tout s'est déroulé comme sur une route roulante.

Cependant, l'individu semble toujours avoir choisi sa profession. Un tel individu se distingue immédiatement parmi ses camarades de classe par le degré de compréhension de ses sujets, la profondeur de sa compréhension et la facilité avec laquelle il maîtrise la matière nécessaire. Il a habilement combiné ses connaissances passées avec de nouvelles connaissances et a continué à perfectionner ses compétences. Mais c'est complètement, comme la plus haute qualité parfaite, qu'elle s'est manifestée directement dans le travail de conception des bâtiments. Il pouvait facilement gérer une tâche compliquée après l'autre, il pouvait garder dans sa tête d'énormes formules de calculs et de nombreux concepts de cette spécificité. Ses connaissances passées ont été consolidées, atteignant la pleine perfection. Il est passé du statut de spécialiste ordinaire à celui de génie dans son domaine de connaissance respectif. Mais, il ne faut pas oublier que pour ce faire, les Supérieurs ont dû lui faire de nombreux programmes pour qu'il continue à se développer à ce titre.

Les besoins du Cosmos et le développement de l'humanité nécessitaient la formation de tels talents, afin qu'ils n'apparaissent pas seulement pour éblouir l'imagination de l'humanité, mais pour remplir certaines missions.

Ces personnes construiront plus tard de beaux mondes, reconstruiront des univers et créeront de nouveaux modèles de planètes et d'étoiles. Leur profession va élargir les horizons des mondes reconstructibles.

Ainsi, une personne a la liberté de choisir une profession à de faibles niveaux de développement, et lorsqu'elle a déjà commencé à développer régulièrement une certaine qualité, en la choisissant comme principale pour elle-même, alors les Supérieurs la guideront déjà artificiellement sur le chemin du perfectionnement de cette qualité jusqu'à ce qu'elle atteigne son achèvement dans ce monde. A partir de là, l'individu aura à nouveau la liberté de choisir, et tout se répétera, mais dans une gamme plus large et en plus grande quantité.

## LA LIBERTÉ DE COMPORTEMENT

Tout le monde pense qu'il est libre de faire ce qu'il veut, surtout à la maison. Au travail, toutes sortes de normes, de règles et de responsabilités conçues pour une entreprise particulière limitent la capacité de chacun à s'exprimer. Par exemple, dans un hôpital, il ne peut pas se promener, il doit rester dans sa chambre, il ne peut pas parler ou chanter fort, il ne peut pas boire de bière ou danser. Dans une usine, il est interdit de manger devant sa machine, de discuter avec quelqu'un ou de se reposer sur le sol dans l'atelier. Dans un magasin, il ne peut pas chanter ou danser, dormir derrière le comptoir, etc.

Il se sent plus libre à l'extérieur. Il peut se déplacer où il veut, parler fort, éternuer fort, chanter des chansons, etc., ce qu'il ne peut pas faire au travail. Il peut même dormir sur un banc quelque part. Cependant, là où ses intérêts croisent ceux de l'autre personne, il existe des règles qui l'empêchent de faire quelque chose : pas de bruit, pas de jurons, pas de bagarres, pas de déchets, pas d'arrachage de fleurs sur les pelouses, pas de cassage de branches, etc.

Les lieux communs produisent des règles de comportement communes à tous, car des individus de différents niveaux de développement se rencontrent dans la rue, et ils ont des idées différentes sur la manière de se comporter en société. Ce qui semble bon pour le bas, est répugnant pour le haut. C'est pourquoi la société développe toujours des normes moyennes de comportement qui sont acceptables pour les inférieurs en limitant leur licence et tolérables pour les supérieurs.

 Si nous prenons le comportement familial, il y a autant de membres dans une famille qu'il y a d'exigences différentes pour le comportement des autres membres, car chacun a un critère différent pour les actions et les actes de l'autre, même pour son propre membre de la famille. Par conséquent, quel que soit l'endroit où se trouve une personne, s'il y a ne serait-ce qu'un étranger dans les parages, elle doit tenir compte de ses intérêts.

Si l'individu est laissé seul dans la pièce, et qu'il n'y a personne à l'extérieur non plus, son comportement sera limité par son degré de conscience. Un individu de bas niveau peut crier, faire du bruit tout seul, écrire sur les murs, casser des choses, mais il ne cassera pas les murs de sa propre maison, car même lui se rend compte que dans ce cas il n'aura nulle part où vivre et sera exposé au froid, à la pluie et au vent. Mais un tel individu ne réparera jamais sa propre maison. Seule une personne d'un niveau de développement supérieur peut l'inciter à le faire, et qui comprend que si elle ne garde pas sa maison en ordre, elle aura beaucoup de problèmes.

Une personne de niveau moyen ou élevé utilise la liberté de son propre appartement pour son développement, elle essaie de s'y installer confortablement, d'arranger joliment ses meubles, de s'occuper des réparations régulières de sa maison et de se restreindre dans toutes sortes de choses qui la détruisent ou l'abîment. Un tel propriétaire exigera non seulement de lui-même, mais aussi des autres, qu'ils respectent les normes qui lui permettent de vivre confortablement et en toute sécurité.

Lorsqu'un inférieur tente de dicter ses droits dans la rue ou dans un autre lieu public ou porte atteinte à la vie d'une autre personne, la société se tourne vers les services de police et ils le mettent en prison. En d'autres termes, les gens exigent que les inférieurs obéissent à leurs normes de comportement. Par les punitions, ils leur apprennent l'obéissance et le respect des exigences des personnalités supérieures.

Les niveaux inférieurs de développement apprennent le plus souvent les règles de comportement en société par des punitions de toutes sortes, les niveaux moyens par la parole et les enseignements supérieurs, tandis que les personnalités supérieures observent elles-mêmes les lois et les établissent pour les autres, pour la prospérité de toute l'humanité. Mais les toutes premières lois restreignant les actions des individus sont créées par les Supérieurs et descendent jusqu'au peuple.

## QUELLE LIBERTÉ DE DIEU ET LA NON-LIBERTÉ DU DIABLE

Il existe deux grands types d'êtres humains sur Terre : les positifs et les négatifs. Il y a aussi de jeunes âmes qui n'appartiennent temporairement ni à l'un ni à l'autre. Ce n'est qu'après avoir vécu dix vies, en fonction de leurs qualités accumulées dans la matrice et les énergocorps permanents, qu'ils sont divisés en positifs et négatifs, puis les premiers sont placés sous le contrôle de Dieu, et les seconds sous celui du Diable. Les âmes ont leur propre maître, et ensuite différents programmes de développement. Nous avons écrit à ce sujet à de

nombreuses reprises, mais permettez-moi de vous le rappeler.

Chacun des Hiérarques de la hiérarchie positive et négative compose des programmes pour son âme en fonction de ses propres idées sur les méthodes d'éducation et ses objectifs personnels. L'objectif de Dieu est de perfectionner les âmes dans un sens positif, tandis que celui du Diable est de les perfectionner dans un sens négatif.

Mais la différence la plus importante entre ces deux programmes est que Dieu accorde à ses disciples la liberté de choix dans les situations de la vie, alors que le Diable ne le fait pas. Il (Diable) force les âmes qui lui sont remises à faire ce qui doit être fait par lui-même et à acquérir dans la matrice ces qualités qui continuent à se développer en qualités négatives. Le Diable n'a pas de liberté du tout. En fait, la différence de composition des programmes des deux Hiérarchies se réduit aussi à la différence de comportement de leurs subordonnés, comme cela a été mentionné plus haut.

L'individu positif a le droit de faire des choix dans les situations, dans la créativité, dans les pensées, et l'individu négatif, dans les situations de la vie, agit comme le Diable l'a programmé pour lui dans le programme de la vie. Par exemple, il a écrit (programmé) pour tuer quelqu'un - et il tue, il a écrit pour étudier la physique - et il l'étudiera ; et il réfléchit aux situations dans le sens que Diable lui a indiqué.

Cette différence est donc la suivante. Imaginons que les personnes de Dieu et du Diable surveillent l'autoroute et voient un accident dans lequel des passagers meurent. L'individu positif, voyant du sang et des corps à bout de souffle, est horrifié et se précipite à la rescousse. Il éprouve de la compassion pour les personnes impliquées dans l'accident et peut passer une nuit blanche à revivre la tragédie et à penser à la peine de leurs proches, à la douleur et à la souffrance de voir un être cher dans un tel état, c'est-à-dire qu'il éprouve de l'empathie.

L'individu négatif ne sauvera personne à moins qu'il ne voie un avantage à le faire. Il peut sauver un homme riche, sachant qu'il le remboursera plus tard avec une grosse somme d'argent ou une bonne position. Et quand il verra du sang et des voitures mutilées, il s'en souviendra avec plaisir la nuit. L'image évoquera en lui des émotions agréables, et il commencera mentalement à reproduire chaque trait de l'accident avec tous les détails, continuant à savourer la douleur et la souffrance des autres comme un plaisir. Pour les négatifs, la tragédie de quelqu'un d'autre est un plaisir pour l'âme. Ils ont une psychologie différente, et c'est ce que le Hiérarque négatif en fait.

Dans une autre situation, par exemple, lorsque deux spectateurs opposés regardent un match de boxe, le spectateur positif aura de la peine pour le vaincu, tandis que le spectateur négatif pensera qu'il aurait dû être tué dès le départ. Ce serait plus intéressant.

Les personnes négatives tuent facilement les autres et ne le regrettent jamais. Elles reçoivent du programme une impulsion à tuer et y obéissent fidèlement, se transformant en bêtes sauvages qui n'ont aucun sentiment de compassion et de pitié. Elles aiment la cruauté et la montrer, elles accumulent ces énergies et qualités programmées par le Diable dans la matrice.

Les serviteurs du Diable tuent et torturent les gens, car ils se construisent négativement sur la base de leurs atrocités. Même si une personne dit qu'elle tue et torture quelqu'un par de nobles sentiments : pour venger sa mère ou son père assassiné ou son frère ou sa sœur insulté, elle servira le Diable, car ce n'est que par des actions cruelles qu'une personne se construit négativement, et une telle âme ne peut pas appartenir à Dieu. Il ne force jamais une personne à tuer et à torturer quelqu'un pour se venger, mais enseigne le pardon. Mais dans toutes les actions, Dieu donne au disciple un libre choix : il peut tuer ou ne pas tuer, détruire ou construire un nouveau. Mais dans toutes les actions, Dieu donne au disciple un libre choix : il lui est possible de tuer ou de ne pas tuer, de détruire ou de construire un nouveau. Il ne force jamais et n'enseigne jamais à quelqu'un de faire du mal à quelqu'un. Au contraire, Dieu enseigne la compassion.

Lorsque le choix est fait par une personne de manière incorrecte, dans le sens de tuer ou de blesser quelqu'un d'une autre manière, la «loi de cause à effet» entre en vigueur et ce contrevenant sera obligé de travailler son karma dans la prochaine vie. Avec l'aide du karma, Dieu permet à l'individu de s'amender et de rester dans sa hiérarchie.

Le Diable récompense ses subordonnés pour avoir tué un autre être vivant, tandis que Dieu les punit et leur fait vivre une situation similaire dans leur prochaine vie, afin qu'ils puissent faire l'expérience de la condition de la victime et renoncer à jamais au désir de punir et de venger quiconque.

L'individu négatif fait toujours ce que le Diable veut : il étudiera l'anglais ou la médecine parce que cela convient à son maître ; il ne pensera que ce que le Diable met dans son programme. Il construit tous ses programmes de manière à ce que l'homme ne désire que ce qu'Il veut ou ce dont Il a besoin. Par conséquent, les sentiments et les émotions d'un subordonné, ses pensées et ses actions sont construits artificiellement selon un programme rigide, et une personne ne peut pas l'éviter ou mettre quelque chose de personnel dans ce qui se passe. Les serviteurs du Diable n'ont pas de désirs personnels, ils ont les désirs de leur Maître.

Mais même dans les qualités négatives, il ne leur est pas permis de se développer dans n'importe quelle qualité, mais seulement dans celle qui est nécessaire au Hiérarque négatif, car pour des raisons économiques, il ne permettra pas que son énergie soit gaspillée dans des qualités supplémentaires qui lui sont inutiles. Il ne permet rien d'inutile.

En même temps, l'homme de Dieu choisit les qualités dans lesquelles il veut se développer. Il y a donc une énorme différence dans la liberté de choix entre le peuple de Dieu et le peuple du diable.

La liberté de choix permet à l'individu de s'épanouir pleinement, de perfectionner l'intuition que les individus négatifs n'ont pas, de développer l'autocritique, le sacrifice, l'attention aux autres, etc. Dieu, par le biais du karma, guide l'individu vers toutes ces belles qualités.

La liberté de choix permet de construire la pensée et la créativité d'une manière particulière, alors qu'avec le Diable tout est construit par des programmes rigides. Ils obligent les gens à façonner leur pensée comme une pensée numérique, tout comme le mécanisme de créativité de leurs subordonnés fonctionne par le calcul et les chiffres. La liberté de choix modifie donc considérablement la qualité de l'individu.

La non-liberté du Diable évite à l'individu des erreurs, au contraire que l'homme de Dieu commet généralement des erreurs parce qu'il fait un choix. Il a choisi une mauvaise action dans la situation, a fait une erreur, et cela conduit au fait que son âme ne travaille pas dans la matrice avec l'énergie nécessaire, donc une certaine qualité lui reste non développée. Pour cette raison, Dieu doit, par le mécanisme du karma, renvoyer cette personne dans la même situation dans laquelle elle a commis des erreurs, afin qu'elle les corrige. Un retour au même se produira jusqu'à ce qu'une personne, par une série d'actions correctes, complète la qualité requise à la perfection correspondant à un niveau de développement donné.

La répétition des situations dans les réincarnations entraîne une perte d'énergie et de temps. C'est-à-dire que l'individu positif se développe lentement mais de manière plus qualitative. Et l'individu négatif suit un programme rigide sans faire de choix, c'est pourquoi il ne se trompe jamais et prend immédiatement dans la matrice les énergies qui lui sont données par le programme. Cela accélère son développement plusieurs fois par rapport à celui de l'homme de Dieu, de sorte que les personnalités négatives sont généralement très intelligentes et rusées tout en vivant le même nombre de vies que l'individu positif.

Mais leur développement n'est accéléré que jusqu'à un certain Niveau de la hiérarchie du Diable, et ralentit ensuite. Dieu, au contraire, grâce à l'acquisition par la personne d'un certain nombre de qualités positives, connaît une accélération significative de son développement à des stades ultérieurs de son développement et prend le pas sur les personnalités négatives. De plus, le manque de liberté du Diable conduit à la robotisation des âmes des niveaux inférieurs. Mais les indicateurs les plus importants la diiférences entre l'action des libertés et l'action des non-libertés sur la personnalité sont les belles qualités de l'âme. Il y en a, bien sûr, beaucoup. Il s'agit de l'humanité, de la bonté, de la miséricorde, de la compassion, de l'amour, de la tendresse, de la noblesse et de bien d'autres choses encore, qui sont travaillées par l'âme humaine dans son choix entre le bien et le mal.

## LA LIBERTÉ APRÈS LA MORT

Dans la souffrance sur Terre, l'homme préfère généralement son agonie dans la vie à la mort qui y met fin. Certaines personnes disent : "Je préférerais souffrir un peu plus longtemps, mais je vivrai. En d'autres termes, mieux vaut l'agonie de la vie que la douceur du paradis après la mort. Nous ne savons pas ce qui attend chacun dans l'autre monde. La vie semble plus attrayante pour l'homme que le calme paisible après la mort.

Le fait que l'âme se défasse de son enveloppe physique au moment de la fin de la vie a toujours effrayé l'homme. Le passage de l'âme du monde matériel au monde subtil s'est accompagné du mystère de l'ignorance. On n'a jamais dit à l'homme ce qu'il advenait de son âme après qu'elle ait quitté son corps. De siècle en siècle, l'homme a considéré la mort comme la dernière limite tragique, après laquelle non seulement son corps physique mais aussi sa propre existence en tant que personnalité cessent d'exister. Par conséquent, une peur effroyable de la mort l'a toujours hantée. Cela semblait être la fin de tout, le début de l'oubli total. L'obscurité éternelle, la décadence - et personne ne se souviendrait qu'une telle personne a vécu un jour sur Terre. Tel était le concept de la mort.

Ce n'est que récemment que nous avons commencé à apprendre du monde subtil qu'il n'y a pas de mort, mais une transition de l'âme d'un monde à l'autre. Dans différents pays, des personnes communiquant avec les âmes des morts sont apparues et ont commencé à recevoir des informations sur le lieu de leur séjour dans "l'autre monde". Il s'est avéré qu'il est tout à fait possible d'y exister... au-delà de la mort.

Mais avant de nous demander comment il est possible d'y exister, rappelons un autre moment de la vie humaine. Certaines personnes utilisent la mort comme un moyen d'échapper aux tourments, à la douleur et à la souffrance. Certaines tentent d'échapper à leurs dettes et à leurs persécuteurs pour rejoindre ce monde mystérieux où elles espèrent trouver la liberté en se suicidant. Les gens croient que la mort peut les sauver des nombreux problèmes qu'ils sont incapables de résoudre dans la vie. Ils espèrent que "là-bas" ils seront complètement libérés de tout : des épouses serpentines, des dettes impayées, des enfants ingrats, des amis traîtres, de la maladie, de la douleur et de la souffrance. "Là-bas", ils seront complètement libérés de tout et de rien, comme un homme échoué sur une île déserte.

Mais est-ce le cas ? Existe-t-il une liberté dans "l'autre monde" et comment les anciennes âmes peuvent-elles l'utiliser ?

Commençons par les âmes des personnes suicidaires qui sont si pressées de rejoindre "l'autre monde". Il est bien connu que les personnes qui se suicident et mettent ainsi fin à leur programme sans l'avoir mené à son terme deviennent en publicains (*sens utilisé comme « rusé, trompeur. Note de traduction*). Leurs âmes entrent dans un certain sous-espace du monde subtil, situé à côté de notre monde matériel.

C'est un espace vide, gris, qui rappelle une journée sur Terre par temps nuageux. Cette zone est spécialement conçue pour retenir les âmes qui ont artificiellement interrompu leur programme de vie ici. Elles ne peuvent, jusqu'à un certain moment, c'est-à-dire jusqu'à l'expiration de la durée de leur programme, être accueillies dans le monde subtil où se trouvent toutes les autres âmes, car leur programme reste lié aux programmes des autres personnes qui vivent encore dans le monde humain. Elles restent liées aux hologrammes des situations de la société, et tout cela nécessite certaines énergies provenant des âmes des anciens humains.

C'est-à-dire qu'une personne qui s'est suicidée doit participer à une certaine situation et produire, par certaines actions dans celle-ci, des énergies pour les Systèmes hiérarchiques. Mais elle est morte et ne peut pas y participer. Elle a été envoyée sur la Terre pour produire un certain travail, et elle ne l'a pas fait. Son âme est alors endettée.

Anticipant la présence de telles endettées, les Supérieurs ont créé une zone spéciale pour les âmes suicidaires dans l'espace circumterrestre. (Il a été créé relativement récemment). Elles y vont automatiquement, car leur mort s'accompagne de l'émission d'énergies spéciales d'expériences qui les "transportent" vers la couche donnée conçue pour ces énergies.

En souffrant dans la zone, elles remboursent en partie les dettes pour les situations de vie non vécues par leur propre souffrance dans le nouvel environnement. Les âmes se sentent mal là-bas. Tout les oppresse. Mais les publicains ne peuvent pas réaliser complètement le reste du programme, du fait qu'ils existent dans d'autres conditions, et que le programme est conçu pour les situations du monde terrestre.

Voici un exemple. Deux jeunes gens, une fille et un garçon, étaient très amoureux l'un de l'autre et rêvaient de se marier. Ils conduisaient une voiture et ont eu un accident. La fille est morte immédiatement. Le jeune homme a survécu, mais il pensait être en faute. De plus, il sentait qu'il ne pouvait pas vivre sans elle, alors il s'est empoisonné. Il a laissé une lettre de suicide dans laquelle il a écrit qu'il avait décidé de retrouver sa bien-aimée.

Lorsque, quelque temps plus tard, la mère a trouvé un médium qui a contacté l'âme de son fils, il lui a raconté ce qui suit : "Je ne suis pas entré dans le monde de Natalya. Je ne sais pas où elle est. Nous sommes dans des mondes différents. Je me sens très mal ici, mais je ne peux sortir d'ici nulle part."

On peut supposer qu'une telle âme ne se sent pas mieux qu'en prison. Il voulait entrer dans le même monde que sa petite amie, mais s'est retrouvé dans un monde complètement différent. La fille est morte selon son programme. C'était son destin, elle est donc allée dans le monde où toutes les autres âmes vont après avoir accompli leur programme de vie personnel. Il s'est avéré que la mort n'est pas la même chose que la mort d'autres, et que les conséquences peuvent être très différentes de la mort.

Il n'est donc pas nécessaire de parler d'une quelconque liberté des âmes des suicidés. Elles échappent à certaines souffrances, mais en gagnent d'autres. Ces âmes sont obligées de rester dans la zone donnée jusqu'au moment où, dans leur programme de vie, les événements atteignent le dernier point du programme exprimant leur mort physique. Ces âmes sont ensuite prises en charge par des êtres spéciaux qui contrôlent leurs mouvements, et transportées vers un répartiteur d'âmes commun, où elles subissent le jugement et toutes les autres opérations liées à leur purification et à leur répartition dans un entrepôt d'âmes commun. C'est-à-dire qu'elles sont sous le contrôle d'êtres spéciaux du plan subtil qui s'occupent des âmes humaines à tout moment.

Si nous parlons de la liberté des âmes ordinaires des personnes qui sont mortes selon le programme avec l'arrivée de son dernier point de contrôle (correspondant à la situation de la mort), alors ces âmes ne sont pas libres non plus. Rappelons qu'autour de la Terre se trouve un dispositif spécial doté d'un champ spécial (comme un champ magnétique), qui capte ces âmes. Elles sont attirées dans des canaux (ou tunnels) par lesquels elles montent vers le Distributeur, qui recueille toutes les âmes après la mort. (Voir notre livre "L'âme et les mystères de sa structure").

Ici, les âmes attendent l'heure du jugement. Elles sont jugées, leur degré d'accomplissement du programme, leurs insuffisances sont triées ; puis elles sont purifiées, sélectionnées en fonction de leur niveau de développement et envoyées à la chambre forte (voûte) des âmes.

La chambre forte (voûte) est une chambre forte à plusieurs niveaux. Ici, les âmes sont distribuées systématiquement en fonction de leurs énergopotentiels et qualités. Les âmes d'un niveau de développement ne rencontrent pas les âmes d'un autre niveau. (Elles ne peuvent se retrouver que sur Terre, dans leur prochaine incarnation. Pour la même raison, un homme et une femme qui se sont aimés sur Terre ne se rencontreront jamais là-bas s'ils appartiennent à des Niveaux différents).

Les âmes d'un même Niveau continuent à subir un perfectionnement correspondant à leur niveau de développement. Nous n'approfondirons pas particulièrement leur situation, car un tel système de distribution des âmes et la poursuite de leur développement n'indiquent qu'une chose : le contrôle strict de leurs Substances Supérieures et l'absence de liberté.

Ce dernier point est lié au fait que l'espace circumterrestre lui-même a certaines dimensions au-delà desquelles personne n'est autorisé à aller. La Terre possède de nombreuses structures subtiles, toutes sortes d'espaces et de sous-espaces particuliers, dans lesquels une âme qui ne comprend rien peut tout simplement se perdre. C'est pourquoi elles (âmes) sont étroitement surveillés.

Toutefois, les âmes des personnes récemment décédées sont autorisées à rendre visite à leurs proches lors des journées commémoratives : le neuvième jour, le quarantième jour et l'année. Elles peuvent donc apparaître parmi leurs proches. Cependant, les visites ne sont pas effectuées par toutes les âmes, mais seulement par celles qui sont attendues par leurs proches.

Quant aux âmes invoquées par les médiums, elles sont autorisées à descendre pour les contacter. Un médium ne peut pas non plus établir un contact avec chaque âme. En général, il est déterminé d'En Haut quelles âmes peuvent entrer en contact avec eux et donner des informations sur eux-mêmes ou sur autre chose, et lesquelles ne le peuvent pas.

Il faut comprendre que s'il existe un médium, alors selon son programme de vie, un certain nombre d'âmes de personnes décédées seront liées à lui. Tout cela est prévu dans le programme d'En haut. Par conséquent, la situation où chaque âme qui entre en contact avec un médium est déjà inscrite dans le programme du médium. Chaque âme avec laquelle un médium entre en contact est une âme prévue pour lui selon le programme. On ne peut donc pas parler d'une quelconque liberté de mouvement de ces âmes. Elle est prédéterminée d'En haut pour communiquer avec les gens, ce qui signifie que tout est contrôlé.

En même temps, l'âme n'est pas autorisée à s'écarter de son chemin après le contact avec le médium. Par exemple, une âme lui parle et décide ensuite de s'envoler pour Paris ou Londres. Cela ne peut pas arriver, car elle sera sévèrement punie pour de telles aventures. De plus, les âmes ont très peur des Juges Supérieurs. Leur lumière et leur énergopotentiel suppriment puissamment les âmes à faible potentiel humain. C'est pourquoi les âmes humaines ont peur de leur désobéir. Ce sont, il faut le noter, des âmes positives, donc elles essaient d'être obéissantes et dociles.

Toutes les âmes négatives données au Diable se trouvent dans ses voûtes d'âmes individuelles, de sorte qu'elles n'entrent pas en contact avec des individus positifs et ne leur donnent pas de mauvais exemples comme cela se produit sur la Terre. Et le Diable surveille ses âmes encore plus strictement que Dieu, de sorte que ses âmes n'ont pas non plus de liberté après la mort. Bien qu'il puisse les envoyer dans le monde terrestre pour accomplir certaines tâches.

Cependant, on peut dire qu'il y a une certaine liberté pour les jeunes âmes positives. Après la mort, en raison de leur faible potentiel ou de leur dégradation, elles ne peuvent pas remonter dans le canal du Distributeur et vont "errer" dans le monde terrestre pendant un certain temps. (Mais elles ne vont pas chez les publicains, car elles meurent selon leur programme). Elles peuvent également se rendre chez médiums et se promener.

En général, elles restent attachées à leur pays d'origine, car elles sont effrayées par leur nouvel état et ont peur de se perdre dans un monde inconnu. Elles ont peur d'elles-mêmes, un sentiment d'auto-préservation, qui les lie à des endroits familiers, où elles sont capturées par des créatures spéciales qui descendent après elles dans notre monde et les transfèrent au Distributeur. Mais jusqu'à ce qu'elles soient emportées du plan terrestre, elles restent libres, bien que cette liberté frôle la liberté des voyous dans notre monde. Elles peuvent s'amuser, se présenter à la séance d'un médium en s'identifiant comme la personne qu'il invoque. Mais cette liberté ne dure pas longtemps. Elles sont emportées.

L'âme reste également libre dans la Voûte positive des âmes de son Niveau, c'est-à-dire le plan de l'être. Elle peut rencontrer des âmes similaires pour faire un travail. Mais, nous le répétons, les âmes de différents Niveaux ne se rencontrent pas en ce lieu. Certaines sont généralement isolées des autres, commençant dans le monde subtil pour élaborer une partie de leur karma.

Ainsi, comme nous pouvons le constater, la liberté des âmes après la mort reste limitée dans une mesure encore plus grande que sur Terre. Tous leurs mouvements dans le monde subtil se font dans certaines limites et sont contrôlés. Il faut toutefois préciser qu'elles ne résident que dans l'espace circumterrestre, c'est-à-dire l'espace appartenant aux structures subtiles de notre planète, dans ses enveloppes énergétiques. Elles ne peuvent pas aller dans d'autres mondes car elles sont la propriété de notre planète. Elles lui sont assignées pour partager certaines fonctions énergétiques avec la Terre. (Nous ne parlons que du type terrestre des âmes). Bien qu'il existe des cas isolés d'envoi vers d'autres planètes, il s'agit généralement de l'âme de missionnaires ou de certains spécialistes de haut niveau.

Il n'est donc pas nécessaire de rêver de liberté après la mort. Et les anges ne volent pas librement. Ils font leur travail et sont très obéissants.

Chaque monde a ses propres règles et lois pour l'existence des états spiritualisés et leurs interactions. Par conséquent, toute liberté est relative et minimale, s'il y en a une.

## Chapitre 4

## LA LIBERTÉ DANS L'ARMÉE ET EN PRISON

Dans notre société, la plus lourde peine est la privation de liberté individuelle, que l'on purge en prison. L'homme moderne a développé son propre système de valeurs. La vie est la plus grande valeur, suivie de la liberté. Mais comme l'État n'utilise pas la privation de la vie comme une punition maintenant, la liberté passe avant tout. Ensuite, il y a la punition : privation d'un appartement, privation d'argent.

Comme nous pouvons le constater, la liberté, bien que n'étant pas une chose matérielle, est entrée dans la catégorie des valeurs humaines. Certaines personnes y attachent même plus d'importance qu'à leur vie. Dans une tribu africaine, la liberté passe avant tout. Les habitants de la tribu disent : "Je préfère être tué que privé de ma liberté.

L'armée est une privation temporaire de liberté pour les jeunes. Elle forme les jeunes âmes à la discipline, à l'obéissance inconditionnelle. Et en cela, elle ressemble beaucoup aux mondes du Diable. Il exige de ses subordonnés une obéissance robotique, personne n'a le droit de le contredire, de s'opposer à Lui, de penser par lui-même. Pour Lui, chaque âme jusqu'à un certain niveau de développement (un niveau dans Sa hiérarchie) est un robot biologique programmé pour faire ce que Lui seul veut.

Il prive ses subordonnés d'activités visant à satisfaire leurs désirs spirituels et leurs recherches créatives. La soumission totale et l'absence d'opinion sont le lot de ceux qui sont sous Sa direction. L'âme ne peut pas "faire un pas" de sa propre volonté car elle n'est capable de faire que ce qui est inscrit dans le programme par le Hiérarque négatif.

Aucun individu n'est capable de se libérer de son action (du programme). C'est pourquoi, tout en accomplissant de nombreuses actions terribles, ces personnes, subordonnées au Diable, disent qu'elles ne comprennent pas pourquoi elles ont fait ceci ou cela.

Il existe une force inconnue qui les pousse irrésistiblement à faire quelque chose. C'est la force du programme. A ce stade, elles deviennent obsédées : sans rien voir ni comprendre, elles avancent vers le but, et lorsqu'il est atteint, l'action est faite, elles ne peuvent pas expliquer pourquoi elles ont fait ceci ou cela. Elles ne comprennent pas ce qui les a poussé à le faire. Et "ceci" se révèle être le pouvoir du programme du Diable.

Le Diable y met les énergies de domination d'une personne, qui sont beaucoup plus puissantes que l'énergopotentiel de l'âme de son exécutant, et ce potentiel puissant supprime tellement une personne, qu'elle se transforme en un robot biologique, qui n'est pas capable de penser et de réfléchir à certains moments, sauf pour un seul - pour exécuter une action préprogrammée.

À ce stade, la conscience de l'individu est coupée et le programme est contrôlé par Lui. Après l'exécution de l'action, la conscience s'allume, mais l'individu ne se souvient de rien et ne peut expliquer ce qui a été fait.

L'état d'affect, qui est utilisé pour expliquer de nombreux meurtres, est en fait le contrôle que le programme exerce sur le tueur tout en éteignant sa propre conscience. Mais cet état ne peut pas servir d'élément disculpatoire pour l'atténuation de la peine lors de la condamnation d'une telle personne. C'est l'acte commis qui doit être jugé, et non l'état dans lequel se trouvait la personne à ce moment-là, car ces états sont créés artificiellement par des Déterminants négatifs et ils ont leurs propres objectifs négatifs.

Dans l'armée, nous voyons en partie l'utilisation du système de contrôle des personnes du Hiérarque négatif, ses méthodes et techniques sont utilisées ici. "Les commandes ne sont pas discutées, mais exécutées" est la loi pour tout soldat. Là-bas, tout se fait selon une routine établie : se lever le matin, faire de l'exercice, prendre le petit-déjeuner, s'entraîner, etc. Si quelque chose n'est pas suivi, une punition s'ensuit.

Dans l'armée, cependant, il y a une indulgence : un soldat a son propre temps après le dîner. Mais il peut l'utiliser de manière très spécifique : il peut coudre un col, faire quelques boutons, faire réviser ses vêtements personnels, lire un livre, écrire une lettre - c'est tout. Les autres activités qu'il pourrait se permettre en dehors de l'unité militaire sont interdites ici. Et une fois par semaine, il a un jour de congé. Mais pendant ce temps libre, ils sont occupés par des compétitions, des jeux sportifs en quelque sorte ; c'est-à-dire qu'ils n'imposent pas le type de divertissement qu'ils souhaitent, mais celui jugé nécessaire par leurs supérieurs. Le soldat reste donc dépendant et cette dépendance et l'utilisation du temps libre uniquement dans une certaine direction lui sont imposées par le système de l'armée, par l'organisation de l'armée elle-même.

Ce système de gestion des jeunes soldats a été imposé à l'humanité par le Diable. Depuis qu'il est autorisé à contrôler partiellement la Terre, en créant des programmes pour les gens, Il a imposé son système de règles à l'armée et à la prison pour freiner les jeunes âmes indisciplinées qui ne savent pas encore ce qu'est la discipline.

Cependant, les Déterminants positifs (Maîtres Célestes) l'ont adopté dans le but de mieux éduquer les âmes. Des conditions d'existence différentes obligent à réfléchir et à comparer. Ayant sous les yeux un semblant de régime diabolique à l'armée et en prison, l'homme peut l'observer au moins partiellement dans la réalité. Cela lui permet de la comparer avec sa vie libre et d'en tirer les conclusions appropriées pour lui-même : doit-il se battre pour le développement positif de son âme ou est-il préférable de rouler sur la voie négative, de sorte qu'il se trouve toujours dans ce système de développement.

Cependant, pour les jeunes âmes qui ne savent pas ce qui mène au bien et ce qui mène au mal, un mode de vie strict est plus utile qu'une liberté totale.

Ne comprenant rien à la vie ou aux processus cosmiques, la jeune âme, lorsqu'elle en a la liberté, se déchaîne. Elle ne veut obéir à personne et fait ce qu'elle veut. Elle casse tout, humilie les autres, satisfait ses bas instincts, parce qu'elle n'est pas capable de se manifester d'une bonne manière, parce qu'elle n'a pas encore accumulé dans la matrice des énergies positives de bonté. Les qualités humaines de la jeune âme n'étant pas encore formées, elle montre le moi inférieur, accumulé dans l'existence animale et maintenant exprimé dans les nouvelles formes de manifestation sur le nouveau plan de l'être.

Une telle âme progresse bien dans un régime rigide et en présence de lois strictes dans la société qui régulent habilement le comportement des strates inférieures. Les lois les empêchent de faire de nombreuses erreurs et les obligent en même temps à se développer dans une direction qui leur est bénéfique.

Sous un régime strict, on peut dire, de force, elles acquièrent des qualités positives. Leur conscience se développe avec l'afflux de connaissances, de sorte que lorsque le cadre rigide est supprimé, cette âme sait ce qu'est une direction positive et comment elle doit se comporter pour éviter de tomber dans des conditions d'existence encore plus dures avec le Diable.

C'est pour ces raisons, par exemple, que nous avons connu l'esclavage, le servage, qui a éduqué de force les jeunes âmes aux qualités positives - la recherche de la bonté, de la liberté, de la justice, de la compassion pour les autres, etc. Une personne devait ressentir par elle-même (l'expérience) ce qu'est le mal afin de le haïr pour toujours et de lutter contre lui.

Le socle des qualités positives a été posé à la base des matrices des jeunes âmes sous le joug du mal. C'est-à-dire que le mal a donné naissance au bien. Ces constructions utilisaient dans l'organisation de la société humaine les lois opérant dans les mondes du Diable, mais faisaient apparaître des qualités positives dans la majorité des âmes. (Bien qu'il y en ait eu, bien sûr, beaucoup qui ont pris la voie négative). La seule chose qui restait à l'homme dans ce système était la liberté de pensée. Cela lui a permis de réfléchir à ce qui se passait, de passer du mauvais au bon.

Ainsi, ce n'est pas seulement l'armée qui a utilisé les principes de la prudence, mais aussi, à certaines époques, des structures entières. En les comprenant maintenant sous l'angle de nouvelles connaissances, nous pouvons également établir des comparaisons et analyser ce qui se rapporte à quoi.

Mais si l'armée est un séjour temporaire et de courte durée dans un régime diabolique, la prison, pour certaines personnes, prolonge ce même régime pendant de plus longues périodes, selon le degré de l'infraction. Elle prive complètement une personne de sa liberté de citoyen, l'isolant dans une zone spéciale où tout est soumis à une discipline stricte. Beaucoup y sont placées parce qu'elles ne veulent pas se soumettre aux lois de la société civile normale. Elles les violent en enfreignant la vie normale des autres citoyens. Mais toute anarchie frappe toujours un citoyen de la société. Et elle (la société), qui souhaite remettre le délinquant sur le droit chemin, le prive de sa liberté par le biais des tribunaux : le délinquant est mis en prison.

Si une personne ne voulait pas obéir aux lois de l'humanité, elle est maintenant obligée d'obéir aux règles de conduite rigides de la communauté de la prison, qui l'enserrent de toutes parts avec toutes sortes de règles et de règlements écrits et non écrits. Comme nous l'avons dit plus haut, une personne qui échappe à certaines lois est soumise à d'autres lois, généralement plus sévères et plus brutales.

La prison a sa propre hiérarchie, qui place chacun à son propre niveau de subordination, du meneur aux six*. Celles qui ne veulent pas obéir à ces règles tacites ne sortent tout simplement pas. Elles (personnes) sont détruites. Ainsi, chaque pas, chaque mot qu'une personne fait en prison doit être en accord avec les lois du milieu de la prison.

Mais ses pensées restent libres. Cela montre que le Diable n'a pas un contrôle total dans cette organisation. Ses mécanismes éducatifs ne sont que partiellement utilisés ici. Certains prisonniers peuvent avoir une heure de repos avant de dormir et une heure de repos au travail, qu'ils peuvent utiliser pour des travaux créatifs et pour apprendre s'ils veulent aller dans le bon sens. C'est-à-dire que les Déterminants de Dieu ont fait preuve d'indulgence envers les âmes et leur ont donné une chance, même dans des conditions aussi strictes, de se développer selon leur propre choix.

Et cette mini-liberté en prison donne à l'âme une grande chance d'être sauvée et placée sous le contrôle de Dieu. Tout en restant dans un système rigide de suppression de la personnalité, l'âme, étant disciplinée et engagée dans la créativité ou l'étude, développera des qualités positives. L'âme qui continuera à faire le mal et à opprimer les autres poursuivra son développement dans une direction négative.

Ainsi, nous pouvons voir que l'armée et la prison utilisent partiellement le mode d'éducation des âmes selon les principes et les méthodes du Hiérarque négatif. Mais alors que ce dernier n'a aucune liberté de choix, ici elle est en partie laissée aux âmes. La raison de cette dernière est que la Terre est la prérogative de Dieu. Il en est le maître absolu et donne donc aux jeunes âmes le fil conducteur de l'homme dans son royaume.

## SUR LA LIBERTÉ DANS LE JARDIN ET LE POTAGER

L'homme est lié au monde par des milliers de liens de toutes sortes, qui expriment certains modèles de développement et de vie. Il ne peut jamais être complètement libre. S'il vit dans la société humaine, il en est dépendant ; s'il vit seul au milieu de la nature, il en est dépendant, des saisons, du temps, des vents et des tempêtes, de la vie végétale.

Il doit obéir aux lois de la nature pour survivre. S'il ne respecte pas le temps et les saisons en plantant des légumes en automne ou en hiver, il mourra de faim. S'il ne se construit pas un abri en été, en négligeant les conditions climatiques, il risque de geler ou de tomber malade en hiver. Et s'il ne tient pas compte des zones climatiques et commence à planter des carottes dans le désert, des pommes de terre au pôle Nord et des arbres de Noël dans les régions subtropicales, il condamnera ces plantes à mourir, car chacune d'entre elles est conçue pour exister dans certains régimes de température et d'humidité, et sont donc conçues pour obéir à certaines lois établies par les Créateurs de la nature.

Ces simples exemples montrent que l'homme, comme tous les êtres vivants, vit parmi les lois, de sorte que toute violation de celles-ci entraîne la destruction de quelque chose dans ce monde. Il doit s'en souvenir s'il ne veut pas causer du tort à autrui.

Mais quelles sont les lois ?

**Les lois sont des formules qui régissent les chaînes de**

**certaines connexions d'un certain nombre d'unités impliquées dans des processus spécifiques.** Ce sont des formules de vie, donc les briser signifie que l'on interrompt les chaînes de connexions de quelqu'un, que l'on perturbe son fonctionnement normal avec toutes les conséquences qui en découlent. Mais ceci est bien sûr difficile à comprendre, alors passons à des exemples simples.

Au printemps, un citadin ou un villageois se plonge dans les travaux de ses terrains de datcha et de ses potagers. Ils s'enfuient de l'agitation de la ville pour se ressourcer dans la nature. Une personne sur un minuscule lopin de terre se considère libre et apprécie le bonheur de se fondre dans la nature.

De quoi se considère-t-il libéré ?

Tout d'abord, l'agitation de la ville, la foule dans les rues, les voitures, les patrons, les immeubles de grande hauteur et bien plus encore. Pour lui-même, il semble être le propriétaire souverain de quelques hectares de terre.

Encore une fois, la liberté totale n'apparaît que pour lui. Il ne peut se libérer que de quelques traits urbains, et en s'en éloignant, il se retrouve dépendant de d'autres régularités.

C'est-à-dire que la même loi dont nous avons parlé à plusieurs reprises entre en jeu ici : toujours, quand on échappe à une loi, on tombe sous l'influence d'une autre. Là aussi, il s'agit d'une loi distincte et indépendante.

En outre, il convient de noter deux autres libertés apparemment "dans le jardin et le verger" : la liberté d'action et la liberté vis-à-vis de l'autorité. Mais même ici, l'homme ne peut pas être complètement libre de toute personne. Il a des voisins autour de lui, qui lui dicteront ses droits dès qu'il mettra un pied en dehors de sa propre parcelle. N'y allez pas, n'utilisez pas l'eau pour rien, donnez de l'argent pour la route, etc. Mais ce n'est pas tout. S'il n'y a pas de voisins, le terrain est manifestement la propriété d'un service quelconque, qui a ses chefs, et ceux-ci imposeront leurs conditions au propriétaire de la datcha et pourront même l'expulser du terrain.

Mais supposons que le propriétaire de la datcha obtienne une liberté conditionnelle sur sa parcelle. Que lui apporte cette liberté ?

Si une personne intelligente se retire complètement, du moins à la retraite, et se consacre de tout cœur à la datcha ou au potager, et se laisse entraîner dans les travaux agricoles, elle dégénérera. Elle commencera à se dégrader intellectuellement, car les situations liées à la culture de la plante sont calculées sur le bas niveau de l'homme. Et pour tous ceux qui ont franchi ce niveau il y a longtemps, revenir à ce type de travail signifierait revenir en arrière.

Une autre chose est de savoir s'il s'agit de situations temporaires liées à sa survie dans des périodes difficiles de la vie. Dans ce cas, d'autres qualités se formeront - volonté, haute conscience, car une personne fait ce travail non pas pour son propre plaisir et pour s'affranchir de la ville, mais pour survivre elle-même et subvenir aux besoins de sa famille.

Les objectifs fixés sont d'une grande importance. **Certains objectifs conduiront à la dégradation des mêmes situations, tandis que d'autres conduiront au progrès.** Tout cela doit être soigneusement pris en compte à tout moment, car les lignes de transition entre le progrès et la dégradation et vice versa sont toujours subtiles.

Voyons comment ces schémas apparaissent et le soumettent sans qu'il s'en rende compte. Les voici, un être humain libre, qui commence à creuser la terre. Il la prépare selon certaines règles : il la creuse, l'ameublit, la fertilise, en fait des lits, plante des graines selon toutes les règles de la technique agricole. Pour les pousses germées, il continue à s'occuper aussi des lois de leur existence : désherber, ameublir le sol autour d'elles, arroser, lutter contre les parasites. S'il ne suit pas ces lois, les plantes se faneront, il n'y aura pas de récolte. L'homme n'est donc pas non plus complètement libre dans le jardin, sa liberté est partielle.

Ainsi, par ces simples exemples, nous pouvons voir que l'obéissance aux lois favorise la vie. Et cela ne s'applique pas seulement aux plantes, mais à tous les êtres vivants. Autrement dit, toutes les lois contribuent à la vie d'une personne en créant les conditions nécessaires à son existence.

**La violation de ces lois provoque la perturbation de ces chaînes de maintien à la vie d'une plante ou d'un animal, qui sont construites par le Supérieur en tant que processus qui s'éveillent à la vie et la maintiennent pendant le temps fixé selon le programme.**

Ici, avec les exemples clairs de la cultivation des plantes, nous pouvons voir que les lois sont divisées en celles qui fournissent la vie nécessaire, celles qui protègent et celles qui transposent un état dans un autre. Il s'agit bien sûr d'une approximation. En fait, tout cela est infini dans son nombre, dans ses délimitations. Cependant, elle permet à la conscience de distinguer, dans les situations simples et quotidiennes où elle se procure les produits de la vie, les régularités sur lesquelles sont construits l'ensemble de la nature, le monde animal et humain et tout ce qui existe dans l'univers entier (création).

## LA LIBERTÉ DE LA FOI

Dans toutes les démocraties, la liberté de religion existe, chaque citoyen a le droit de choisir la religion qui lui semble la plus appropriée à sa conception de la vie. En choisissant une religion, une personne choisit quel Dieu ou Prophète elle veut vénérer : Mahomet, Bouddha, Allah, le Christ. C'est un choix que l'homme fait pour lui-même.

Mais une fois le choix effectué, les restrictions sont nombreuses : jeûnes à des jours strictement définis, prières du matin et du soir, obéissance, respect des rituels de la naissance à la mort, etc. Même les vêtements portés par les croyants de différentes religions sont différents, non seulement parce qu'ils appartiennent à des nations différentes, mais aussi en raison des différents degrés d'appréciation du comportement humain dans la société.

Toute religion, avant tout, observe la moralité et veille à la moralité élevée de ses croyants. Cependant, chaque religion a son propre degré d'exigences pour l'homme, certaines plus strictes que d'autres. Les musulmans, par exemple, exigent que la femme soit couverte d'une robe, ne laissant que ses yeux ouverts. La religion chrétienne donne aux femmes plus de liberté à cet égard. Elle peut se promener dans les rues avec ce qu'elle veut, dans les limites des exigences de la société, mais elle est obligée d'entrer dans l'église la tête couverte d'un foulard.

Les musulmans sont très stricts en ce qui concerne les relations sexuelles pré-maritales d'une femme, pour lesquelles elle est lapidée. Les chrétiens sont plus humains à cet égard. Bien qu'ils interdisent également les relations sexuelles avant le mariage, ils ne prévoient pas de sanctions sévères en cas d'infraction.

Les exigences de la religion sont influencées par les normes de moralité et d'éthique envoyées d'en haut à chaque nation. Et les Supérieurs exigent toujours de tout homme une telle conduite, qui favorise le progrès de son âme, au lieu d'entraver le développement par la correction constante des erreurs commises. Certaines religions estiment qu'une attitude stricte à l'égard du comportement humain, des exigences élevées en matière de respect des normes morales contribuent à la faire progresser le plus rapidement possible et à maintenir son âme dans la pureté.

Les individus qui essaient de rester en dehors de toute religion en restent libres tant qu'il ne leur arrive pas de problèmes. Puis ils se serrent la tête et se souviennent qu'il existe un Dieu auquel ils peuvent demander protection ou salut contre une maladie mortelle. Certains voyous, par exemple, se tournent vers Dieu et demandent sa protection avant d'aller affronter leurs rivaux. Ils demandent également de l'aide pour trouver un emploi.

Beaucoup de bandits (voyous) sont de jeunes âmes (mais il y a aussi beaucoup d'âmes qui appartiennent déjà au Diable, mais nous parlons d'âmes perdues) qui n'ont pas acquis suffisamment d'expérience dans les vies antérieures et ne voient donc pas la différence entre le bien et le mal, c'est-à-dire qu'elles ne peuvent pas distinguer les bonnes et les mauvaises actions. Lorsqu'elles perçoivent, par exemple, des taxes auprès des vendeurs du marché qui font du commerce sur les terres de quelqu'un d'autre, elles pensent faire ce qu'il faut.

Mais la terre appartient à l'État, et si l'on approfondit dans la philosophie ici, il s'avérera finalement que certaines personnes ont pris possession de la terre illégalement et forcent les autres à faire des exactions sur une base illégale. C'est-à-dire qu'une strate parasitaire se forme dans la société qui, ne faisant rien, reçoit de l'argent des autres pour rien.

De jeunes âmes perdues, avec une croix sur la poitrine, volent, tuent, détruisent. Et la croix est portée pour le salut personnel. En tuant les autres, elles espèrent que lorsque quelqu'un voudra les tuer, Dieu les sauvera. Cela peut sembler être de l'hypocrisie. Mais ce sera de l'hypocrisie quand on se rendra compte à quel point cela semble ridicule et paradoxal pour la personne elle-même. Mais le fait est qu'elle ne comprend pas ce qu'elle fait, car son égoïsme est sans limite : pour une raison quelconque, elle croit que l'on peut prendre la vie d'un autre et pas la sienne. Seule une âme jeune et insensée est capable de déformer les normes morales et de tout chambouler de la sorte.

Il existe ici toutes sortes de normes morales que certains individus nient et commettent donc des actes répréhensibles. Et si ce sont de jeunes âmes inexpérimentées, elles gagneront beaucoup de karma pour ne pas avoir compris la situation. Mais elles ne seront pas livrées au Diable, car elles croient en Dieu et demandent sa protection dans les moments difficiles. Elles seront rééduquées.

Ainsi, une foi arbitraire en Dieu évite souvent à une personne de tomber dans la hiérarchie négative du Diable. Une personne choisit arbitrairement vers quel Dieu se tourner, mais cela sauve son âme, même si elle reste non baptisée.

Précédemment, nous avons parlé des âmes basses. Mais il existe une autre catégorie de personnes qui, dans les situations difficiles et la maladie, ne se souviennent pas de Dieu, ne comptant que sur elles-mêmes. Elles appartiennent à des personnalités très évoluées. Elles sont de ferventes athées.

Elles restent en dehors des religions. Et elles en sont effectivement libérés dans la vie. Mais elles ne sont pas libres des lois de la société dans laquelle elles vivent, de ses morales. Dans leur attitude vis-à-vis de la moralité, elles rejoignent les intérêts de la religion. Il s'avère qu'à ce stade, il y a une différence entre elles.

Si elles respectent les normes de moralité, leur comportement est conforme aux commandements de la Bible et coïncide avec les exigences de l'église ; dans le cas contraire, elles appartiennent à ceux qui honorent le Diable. Ainsi, d'une manière ou d'une autre, mais à travers l'église ou les lois de la morale et des moralités, on arrive à la liberté dans l'une et à la non-liberté dans l'autre.

Un individu ne peut pas rester en dehors de Dieu. Même lorsqu'un individu veut se libérer de toutes les religions, il se retrouve après la mort soit dans la hiérarchie de Dieu, soit dans la hiérarchie du Diable. Il n'y a pas d'autre moyen.

## LA LIBERTÉ DE L'ALIMENTIONS

Considérons un autre type de liberté - la liberté de manger. Chacun pense qu'il est libre à cent pour cent dans ce domaine, parce qu'il mange toujours ce qu'il veut. On peut acheter des saucisses si on veut, des cornichons si on veut. On peut choisir du pain noir ou du pain blanc. Si on aime la soupe, on mange de la soupe ; si on préfère le bortsch, on peut en manger tous les jours. En effet, à première vue, il est absolument libre dans son choix. Mais regardons plus loin que notre regard superficiel.

Regardons-nous vers ce qui limite nos choix de nourritures. Et il s'avère qu'il y a beaucoup de choses qui la limitent. Tout d'abord, la nourriture que nous avons le droit de choisir pour nous-mêmes dépend du développement de l'agriculture et de la production alimentaire. Nous nous souvenons bien des années dans notre pays (1980-1987), lorsque les comptoirs des magasins étaient vides et que le libre choix de l'homme se limitait à des conserves et à des poulets mi-bleus provenant de l'exploitation avicole locale. En période de dévastation, le choix est réduit au minimum, et en fait il faut parler non pas de choix, mais de la possibilité d'acheter au moins quelque chose. On achète ce qui est disponible dans le magasin.

Deuxièmement, s'il existe de nombreuses variétés de biens, la liberté de choix commence à être limitée économiquement, c'est-à-dire par le prix. Une personne n'achètera pas quelque chose qui est cher, même si elle le veut vraiment. Le montant de son propre salaire limite sa liberté de choix.

Troisièmement, si une personne a une mauvaise santé, elle doit suivre un régime. Elle ne peut pas manger d'aliments épicés, acides, frits, etc., et les restrictions dépendent du type de maladie. Une fois encore, sa liberté de choix est réduite à un menu minimal. Et si elle choisit d'enfreindre les lois alimentaires édictées par son foie ou son estomac, elle risque de se retrouver dans une très mauvaise passe : en chirurgie ou dans la mort. La violation (enfreindre) des lois de la nutrition entraînera sa mort.

Lorsqu'il s'agit des conceptions Supérieures de la nutrition humaine, il existe des limites très strictes dans l'utilisation des types d'aliments, ce qui est lié à la nation de l'homme. Et c'est la quatrième raison qui limite la liberté de choix en matière d'alimentation.

Rappelons que toute nation a été créée pour transformer un certain type d'énergie en la forme biologique de l'homme. C'était une gamme étroite. La forme matérielle et les corps subtils d'un être humain d'une nation ont été construits énergétiquement pour leur gamme, tandis que l'être humain d'une autre nation a été construit pour une gamme différente d'énergies. Chaque nation devait alimenter la planète avec sa propre gamme d'énergies en étant attachée à un lieu de résidence particulier. Et c'est là que nous abordons l'aspect technique du processus.

La nation était un lien de transmission entre le Ciel et la Terre, transmettant l'énergie des Supérieurs à la planète, mais la transformant en un nouvel état. L'homme transmettait l'énergie par une série de processus dans son corps, la transformant d'un type à un autre, nécessaire à la planète.

La Terre avait besoin de nombreux types d'énergie différents pour un niveau de développement donné. Les nations étaient donc dispersées sur de nombreux endroits différents de sa surface, fournissant à différentes zones les types d'énergie dont elles avaient besoin à un endroit et à un moment donnés.

Le Biélorusse, par exemple, l'a alimentée avec un type d'énergie, l'Égyptien avec un autre, le Japonais avec un troisième, etc. Mais toutes les nations du complexe ont fourni à la planète la nourriture énergétique nécessaire, tout en produisant l'énergie dont elle avait besoin pour le Cosmos. Et c'est déjà un certain mécanisme. Mais nous comprenons qu'il fonctionne toujours avec un carburant particulier. Si un moteur qui fonctionne à l'essence est alimenté par du carbone, il ne fonctionnera pas comme un mécanisme. Chaque mécanisme est construit pour un type spécifique de carburant, et d'énergie également.

Mais pour qu'une nation produise une énergie de qualité, elle doit consommer certains aliments qui servent de "carburant" au corps matériel. Par conséquent, chaque nation cultivait des aliments spécifiques pour elle-même. Le peuple Nanai avait un aliment, les Égyptiens en avaient un autre, les Mexicains en avaient un troisième et les Japonais un quatrième.

De plus, des interdictions ont été faites d'En Haut sur l'utilisation de certains aliments par certaines nations parce qu'elles ont changé l'énergie en une énergie qui n'était pas nécessaire dans cette région. Par exemple, les musulmans n'avaient pas le droit de manger du porc, les Indiens n'avaient pas le droit de manger des vaches. Les Russes ne mangent pas de viande congelée crue, qui est l'aliment de base des Esquimaux et des autres peuples du Nord, car la nation russe a été élevée différemment des Esquimaux. Toutes ces restrictions, pour ainsi dire l'absence de liberté alimentaire, n'avaient qu'un seul but : permettre à une nation particulière de transformer les aliments qui lui permettaient de produire les types d'énergies pour lesquels elle était programmée, dans leur forme la plus pure.

Ainsi, l'homme d'En Haut a toujours été limité dans la gamme des produits alimentaires. Vous êtes libre, mais dans les limites de ce qui vous est offert. Et donc - dans tous les sens du terme.

Mais le plus important est que la raison de ces restrictions est la connexion de l'homme avec le Cosmos et les autres mondes.

Dans tous les types de libertés, toute restriction vient d'En Haut, car l'humanité est régie par un monde Supérieur. Et Il (le monde) l'oriente vers les objectifs du développement global. La perfection de l'un dans le Cosmos ne peut pas se faire sans lien avec la perfection de l'autre. C'est pourquoi si une chose s'engage sur la voie de la dégradation, elle en entraînera beaucoup d'autres avec elle. Un tel lien oblige les Supérieurs à être très attentifs et à tout garder dans les limites strictes des lois.

## LA LIBERTÉ DE CHOIX DES MALADIES

Il est bizarre de parler d'une question telle que le libre choix de ses maladies. Pourtant, ce choix existe bel et bien. Rappelons que l'humanité est dotée des signes du Zodiaque, chaque personne est attachée à l'un d'entre eux. Mais tout signe prédétermine les types de maladies possibles des personnes qui y sont attachées.

Selon les signes du zodiaque, le Bélier est menacé par certaines maladies, la Balance par d'autres, et les Poissons par d'autres encore. Cela signifie que ces types de maladies sont également planifiés d'en haut. Ils sont possibles, mais pas nécessaires. Si une personne mène un style de vie correct et est karmiquement libre de toute dette, elle peut éviter ces maladies.

C'est pourquoi l'apparition de maladies dans le futur est

influencée par le comportement de la personne dans le passé. La bonne ou mauvaise action de certaines situations du programme entraîne l'accumulation des dettes énergétiques de l'âme. Les défauts du programme sont dus à des choix erronés dans les situations, à des tentations diverses, ce qui fait que les Supérieurs reportent à la prochaine incarnation le remboursement des dettes accumulées.

Les dettes peuvent être réglées de différentes manières, notamment par la maladie. Les maladies karmiques ne peuvent pas être guéries. Une personne doit travailler à travers elles et se rendre compte de beaucoup de choses. En travaillant sur les dettes, elle se débarrasse du programme passé.

Si la maladie apparaît au cours de la vie réelle et que la personne se rend compte qu'elle fait quelque chose de mal et qu'elle se corrige, alors, par encouragement, la maladie disparaîtra soudainement.

Les maladies prévues par le signe du zodiaque sont les punitions qui frappent une personne lorsqu'elle mène un mode de vie inapproprié. Si elle ne mange pas bien, elle attrape des maladies : gastrite, ulcère gastrique, cholélithiase ; elle est encline à la gloutonnerie - le métabolisme est perturbé et des dépôts graisseux apparaissent. Elle boit beaucoup, cela développe une cirrhose du foie, etc.

Lorsqu'elle mène un mode de vie inapproprié, chaque type de comportement non conforme aux normes s'accompagne de sa propre maladie. Par exemple, lorsqu'une personne a des rapports sexuels douteux, elle contracte un certain nombre de maladies vénériennes ; lorsqu'une personne est sédentaire et reste assise tout le temps, elle développe diverses maladies abdominales ; lorsqu'une personne écoute du rock à voix haute, elle devient aveugle ou a un système nerveux affaibli, etc.

Il existe un lien direct entre le comportement d'une personne et toute maladie - c'est la relation de cause à effet. Par exemple, une personne est libre de choisir son régime alimentaire. En étudiant les livres pertinents, elle pourra manger correctement ou incorrectement. Elle est libre de choisir son mode de vie et peut alterner entre travail, repos et sport. Et pour ne pas devenir sourd en vieillissant, il lui suffit de baisser le volume de son magnétophone. Cela aussi, c'est son choix.

Pour éviter d'avoir un accident de voiture et de se casser une jambe, elle peut choisir de voyager en train et en transports publics. Et pour éviter de contracter la syphilis, un homme est libre de se marier et d'avoir une femme aimante à ses côtés. De même, pour les maladies, l'homme choisit pour lui-même en permanence dans chacune de ses actions, bonnes ou mauvaises. Comme on dit, les étoiles prédestinent à telle ou telle maladie, mais l'être humain peut traverser la vie sans en être atteint. Pour cela, on lui donne la liberté de choix. Elle ressemble à la roue de gouvernail d'un timonier qui dirige son navire à travers les récifs de la vie.

## LA LIBERTÉ AU SEIN DU PROGRAMME

En parlant de la liberté de l'homme, on ne peut pas parler de sa dépendance à l'égard de son propre programme de vie. Rappelons que chaque âme, avant d'être envoyée sur Terre, reçoit un programme de vie personnel. C'est sur cette base que l'âme est intégrée dans une certaine communauté et associée à celle-ci pour de nombreuses raisons.

C'est le programme qui détermine le cercle de connaissances d'une personne, ses liens plus ou moins étroits avec la société, sa ligne de développement et l'endroit où elle pourrait se déplacer à l'avenir. Le programme tient compte du nombre maximum ou minimum de personnes qu'elle peut rencontrer, selon son choix, du nombre d'enfants qu'elle peut avoir ou qu'elle sera infertile. En d'autres termes, l'existence même d'un programme permet de penser qu'une personne ne dispose que d'une certaine partie du monde dans laquelle elle peut agir et se développer, exister et tenter de construire son monde. Et il n'y a aucun moyen pour elle d'entrer dans d'autres parties de ce monde. Par exemple, un simple travailleur vivant à Novossibirsk ne peut pas aller en Afrique, en Amérique ou même à Moscou. Et un simple paysan de Corée ne pourra pas visiter Leningrad ou Rome. Et tout cela parce que ces réunions n'incluent pas leur programme de vie personnelle.

Mais en parlant de ces limites, il ne faut pas oublier que les programmes donnent la liberté de choix aux âmes qui évoluent dans un sens positif. C'est pourquoi chaque personne de Dieu a un choix dans de nombreuses situations, un choix dans les actions, dans les pensées, dans les mots, dans la créativité, dans les manières de se perfectionner. Et leur programme, en raison des différentes variantes de choix, rappelle un arbre ramifié, sur les branches duquel elles peuvent errer à la recherche de leur bonheur ou d'un but. En gros, le programme peut être comparé à un arbre, qui a autant de branches que de possibilités de choix offertes à l'homme.

L'arbre lui-même montre la limitation de l'espace. L'homme ne peut pas aller au-delà de ses limites. Et si l'on tient compte du fait qu'en choisissant une voie on laisse inexplorée une autre voie qui est perdue après le choix effectué, alors même dans cette partie de l'espace il y a très peu de choses maîtrisées par l'homme. Ainsi, sa liberté de choix s'avère limitée, c'est-à-dire qu'il existe une liberté, mais elle reste partielle.

Une personne ne peut jamais faire quelque chose qui n'est pas inscrit dans son programme. Si une danseuse souhaite devenir chercheuse dans un institut ou se reconvertir en médecin, elle ne peut le faire que si cela est inscrit dans son programme. En revanche, un ingénieur d'un institut de construction est libre de changer sa profession pour celle de comédien ou de chanteur si de telles variantes sont prévues dans son programme. Un conducteur de tracteur ne rêve peut-être pas de devenir ministre de l'Intérieur et une vendeuse ne rêve peut-être pas de devenir danseuse de ballet, mais ils n'y parviendront jamais, car ce n'est pas dans leur programme de vie. Si le programme donne la liberté de choix, il la restreint également.

Quant aux individus négatifs, tout homme du Diable suit un programme rigide, un programme non varié, c'est-à-dire que leur ligne de vie est droite. Ils ne choisissent rien, mais obéissent/font servilement et docilement à ce qui est écrit dans leur programme. Ils dépendent à cent pour cent de leur programme. Ils n'ont pas de liberté du tout.

Ainsi, la principale limitation des actions de l'homme est son programme de vie, qui est compilé par les programmeurs Supérieurs dans leur monde subtil. Et les programmes sont élaborés en fonction des objectifs de perfectionnement de l'âme humaine et de la réalisation des objectifs des Personnalités Supérieures.

- - -

En examinant les types de liberté, nous acquérons la conviction qu'elle est inhérente à différents domaines de notre vie, dans une mesure plus ou moins grande.

Pour résumer notre conception de la liberté, soulignons l'essentiel. Rappelons-nous, quel est le but de la liberté ? Pas seulement pour se sentir indépendant de quelque chose ou de quelqu'un, pour satisfaire notre orgueil et notre ego.

La liberté est donnée de développer sa pensée, la capacité de réfléchir à chacun de ses gestes, d'apprendre à faire le bon choix.

La liberté doit être utilisée pour se perfectionner, pour améliorer sa santé et pour mener une vie saine. Et c'est la chose la plus importante.

∗   ∗   ∗

## Postface

Les informations contenues dans cette série "La Magie de la Perfection" sont basées sur les matériaux de la connaissance fondamentale qui ont été obtenus par les auteurs au cours de contacts avec l'Intelligence Suprême et exposés dans la série "Au-delà de l'Inconnu". La nouvelle série permet d'étendre les concepts des Enseignants Supérieurs à de nombreuses sphères de notre vie en portant un regard nouveau sur des choses et des phénomènes anciens.

Il y a un approfondissement de la compréhension des processus existants. Ce qui semblait naïvement simple ouvre la porte au monde mystérieux des processus subtils. Les Supérieurs donnent les concepts de base et il faut apprendre à les appliquer dans la vie et à voir derrière l'ordinaire et le quotidien ces constructions complexes, qui ont été créées par l'Esprit Suprême. Qu'il s'agisse d'une pierre, d'un grain de sable, d'une plante ou d'un animal, tout a été créé par les Créateurs Supérieurs et l'homme doit suivre leur voie. Mais pour devenir soi-même un créateur, il faut d'abord apprendre la théorie, puis passer de la théorie à la pratique.

Nous introduisons de nouvelles connaissances dans les anciennes vérités, ce qui les rend vivantes et jeunes. Il s'agit d'une sorte de réanimation de la connaissance de la cinquième race, afin que le plus grand nombre possible d'âmes, l'ayant absorbée, puissent entrer dans la future race de l'humanité.

Les nouveaux concepts aideront tous ceux qui le souhaitent à s'élever, à élever leur niveau intellectuel et énergétique, qui seront les principaux guides des futures générations de la Terre.

# Sommaire

**La liste des livres**
**Série « Au-delà de l'inconnu »**
**Seklitova L.A & Strelnikova L.L**

Site : www.6paca-france.com
Mail : 6paca.fr@gmail.com;

- ❖ « L'Esprit Supérieur révèle les mystères »
- ❖ « L'Âme et les secrets de sa structure »
- ❖ « Les mystères des mondes Supérieurs »
- ❖ « La vie secrète des Maitres Célestes »
- ❖ « La structure d'énergie d'une personne et de la matière »
- ❖ « Les rencontre avec les invisibles »
- ❖ « La création des formes ou bien les expérimentes de l'Esprit Supérieur »
- ❖ « La vie dans un corps d'autrui »
- ❖ « L'Homme de l'ère du Verseau »
- ❖ « Les perles des vérités Supérieurs »
- ❖ « Le dictionnaire de la philosophie cosmique »
- ❖ « La matrice – base de l'âme »
- ❖ « Le doigt du Destin »
- ❖ « La terrestre et l'éternité »
- ❖ « Le feu de Prométhée »
- ❖ « Notre Armageddon »
- ❖ « La philosophie de l'éternité »
- ❖ « La philosophie de l 'Absolu »
- ❖ « La personnalité et l'éternité »
- ❖ « La formation de l'âme ou paradoxale philosophie » Tome1et2
- ❖ « Le nouveau modèle de l'Univers »
- ❖ « Les lois de l'univers ou les bases de l'existence de la hiérarchie Divine »
- ❖ « Les mystères du 21ème siècle » (FAQ)
- ❖ « Le chemin de l'inconnu » (FAQ)
- ❖ « Les révélations du cosmos »
- ❖ Les conversations sur l'inconnu »
- ❖ « Le mystère à la réalité »
- ❖ « Le Formule de l'évolution »

- ❖ « L'illusion de vérité »
- ❖ « L'homme de la race d'or »
- ❖ « Le but du développement de l'homme »
- ❖ « Les doubles de la Terre » (FAQ)
- ❖ « Au-delà du monde visible » (FAQ)
- ❖ « Les capacités paranormales »
- ❖ « La transformation des âmes de différentes formes de vie » (FAQ)
- ❖ « La réponse de Pythagore » (FAQ)
- ❖ « Les découvertes sans télescope » Tome 1 et 2
- ❖ « De quoi la science ne parle pas »
- ❖ « Comment ne pas tomber dans l'enfer »

## Série « Encyclopédie d'une Nouvelle Ère »
### Seklitova L.A & Strelnikova L.L

Section : L'Homme de la sixième race » :
1. « Le création de l'Homme » Tome 1
2. « Le création de l'âme » Tome 2
3. « Le développement de la pensée » Tome 3
4. « La Naissance, la Mort et le Karma » Tome 4
5. « L'Amour, la Famille et l'Enfants » Tome 5
6. « Le développement de l'Homme » Tome 6
7. « Le Choix de l'Âme ou bien le développement positive et négative » Tome 7
8. « Le Sort, le Destin ou bien le Rôle des Programmes dans le développement » Tome 8
9. « L'Humanité » Tome 9
10. « L'Homme Incroyable » Tome 10
11. « Le nouveau sur la religion » Tome 11

Section : « La race de la Terre d'or » :
12. « La Terre est une planète qui pense» tome 12
13. « Les mystères du Temps » tome 13
14. « L'univers et ses mondes » tome 14

## Série « Magie de la Perfection »

## Seklitova L.A & Strelnikova L.L

❖ « La Liberté et l'inévitable »
❖ « Les leçons Karmiques du Destin »
❖ « La Phénomène de l'âme »
❖ « Le Grand Passage ou les Variantes de l'Apocalypse »
❖ « Les Causes des souffrances d'une personne »
❖ « 2012, La fin du Monde ou Prédictions Optimistes »
❖ « Pourquoi la Terre change »

### Série « Spiritualité à Aphorisme »
### Seklitova L.A & Strelnikova L.L

Cette série Cette série comprend des livres suivants :
« Facettes du diamant »,
« Blues d'étoile »,
« Miroir de la sagesse »,
« Pétales du lotus »,
« Ode de l'éternité »,
« Sonate de la vérité »,
« Sagesse *à aphorisme* »,
« Vérités éternelles ».
« La sagesse dans les aphorismes »
« Pointes et roses »